# SANTIDADE

# SANTIDADE

## John Webster

FIEL
Editora

W381s  Webster, John, 1955-2016
　　　　　Santidade / John Webster ; [tradução: Webster Theological Consortium]. – São José dos Campos, SP: Fiel, 2021.

　　　　　Tradução de: Holiness.
　　　　　Inclui referências bibliográficas.
　　　　　ISBN 9786557230770 (brochura)
　　　　　　　　9786557230787 (epub)

　　　　　1. Santidade – Cristianismo. I. Título.

CDD: 234.8

Catalogação na publicação: Mariana C. de Melo Pedrosa – CRB07/6477

**Santidade**

Traduzido do original em inglês:
*Holiness*

Copyright © 2003 por John Webster.

∎

Originalmente publicado em inglês por
SCM Press
9-17 St Albans Place, London
N1 0NX, Reino Unido.

Copyright © 2021 Editora Fiel
Primeira edição em português: 2021
Todos os direitos em língua portuguesa reservados por Editora Fiel da Missão Evangélica Literária

PROIBIDA A REPRODUÇÃO DESTE LIVRO POR QUAISQUER MEIOS SEM A PERMISSÃO ESCRITA DOS EDITORES, SALVO EM BREVES CITAÇÕES COM INDICAÇÃO DA FONTE.

∎

Diretor: Tiago J. Santos Filho
Editor-chefe: Tiago J. Santos Filho
Editor: Rafael Nogueira Bello
Supervisor Editorial: Vinicius Musselman
Coordenação Editorial: Gisele Lemes
Tradução: Webster Theological Consorti
Revisão: Gustavo Nogueira Bonifácio
Diagramação: Rubner Durais
Capa: Rubner Durais
ISBN impresso: 978-65-5723-077-0
ISBN e-book: 978-65-5723-078-7

**FIEL Editora**

Caixa Postal 1601
CEP: 12230-971
São José dos Campos, SP
PABX: (12) 3919-9999
www.editorafiel.com.br

# Sumário

*Prefácio* ............................................................. 7
*Introdução* ......................................................... 9

**Capítulo 1**
A santidade da teologia ..................................... 17

**Capítulo 2**
A santidade de Deus ........................................... 45

**Capítulo 3**
A santidade da igreja .......................................... 75

**Capítulo 4**
A santidade do cristão ...................................... 105

*Conclusão* ....................................................... 133

# Prefácio

Comecei a refletir sobre o conceito teológico de santidade ao tentar construir um relato satisfatório do que pode significar falar das Escrituras como "sagradas". A ocasião para reflexão mais ampla nesta área veio com o convite para dar as palestras de Day-Higginbotham na Southwestern Baptist Theological Seminary em Fort Worth, Texas, em fevereiro de 2002. Os capítulos deste pequeno livro são uma ligeira ampliação dos textos dessas palestras conforme foram ministradas. Estou muito agradecido ao presidente e ao corpo docente da Southwestern por seu convite e sua hospitalidade, bem como aos pastores, alunos e professores de teologia que assistiram às palestras e discutiram-nas comigo. Também tenho uma dívida de gratidão com Victor Thasiah por sua pronta assistência em colocar o material em seu formato final.

**John Webster**
Oxford, junho de 2002

# Introdução

Este livro é um ensaio teológico cristão sobre santidade. Não se preocupa principalmente com questões de teologia ascética ou pastoral, embora tenha em mente as implicações do discurso teológico de santidade para a prática da vida cristã. Em vez disso, é escrito a partir de um ponto de vista particular e tenta articular algumas convicções sobre a substância da fé cristã e estabelecer alguns julgamentos sobre a natureza, o cenário e as tarefas da teologia cristã. No fundo, o que é oferecido aqui é um pequeno exercício de teologia dogmática, uma *dogmática trinitária de santidade*. Ambas as partes dessa designação – "dogmática" e "trinitária" – requerem um pouco mais de escrutínio à medida que abordamos a tarefa que temos pela frente.

Em primeiro lugar, o que se segue é uma parte da teologia *dogmática* cristã. A teologia é um ofício da igreja de Jesus Cristo. É devidamente realizada na esfera da igreja, isto é, na região da comunhão humana que é trazida à existência e sustentada pela atividade salvífica e pela presença de Deus.

A teologia é um dos efeitos dessa presença salvadora; é uma das atividades da razão transfigurada pela renovação da vida e da história humanas que o Santo Deus realiza nas suas obras e manifesta na sua palavra. As obras divinas de renovação culminam na ressurreição de Jesus Cristo dentre os mortos, sua exaltação sobre todas as coisas e sua concessão de uma nova vida no poder do Espírito. Por meio do Espírito, Jesus Cristo, o Exaltado, gera um novo modo de vida humana comum, a vida da igreja. Participar dessa vida humana comum, ouvindo o evangelho em comunhão sob a palavra de Deus e vivendo juntos sob os sinais do batismo e da ceia do Senhor, é existir em uma esfera na qual o poder ilimitado de Deus é liberado e se estende por toda a vida humana: moral, política, cultural, afetiva, intelectual. A razão, como tudo o mais, é refeita na esfera da igreja; e a razão teológica é uma atividade da mente regenerada voltada para o evangelho de Jesus Cristo, que constitui a origem e vocação da igreja.

A teologia é um ofício da igreja. Quando a igreja e a teologia são moldadas em santidade pelo evangelho, então o trabalho da teologia é aquele para o qual o teólogo é chamado e nomeado e para o qual o teólogo está equipado, a fim de realizar uma tarefa particular. Teologia não é pensamento ou expressão livres, se por "livre" queremos dizer desapegado a qualquer conjunto de objetos ou esfera de investigação. Teologia não é liberdade de expressão, mas discurso sagrado. É separado por seu objeto e ligado à ele – isto é, o evangelho – e à comunhão dos santos na qual o evangelho é ouvido como julgamento e consolação divinos – isto é, a igreja. Somente quando trabalha sob a tutela, autoridade e proteção da igreja é que a teologia é livre. "Igreja", é claro, deve ser entendida espiritualmente, e não apenas naturalmente, como o domínio no qual a vida humana comum é santificada pelo Espírito Santo e transformada na comunhão dos santos. A teologia está sob a tutela da igreja porque só pode cumprir seu ofício se for instruída por imersão nas práticas intelectuais e espirituais do *sanctorum communio* em toda a sua variedade. A teologia está sob a autoridade da igreja porque é uma ciência "positiva", um modo de investigação racional que recebeu um assunto definido, apreendido na igreja de Jesus Cristo, na qual ele se dá a conhecer. A presença em autossacrifício de Cristo na igreja é a lei da teologia, a realidade que governa a razão teológica. A teologia está, portanto, sob a autoridade da igreja porque a igreja, por sua vez, está sob a autoridade totalmente legítima e vivificante da verdade do evangelho. E a teologia está sob a proteção da igreja porque o que salvaguarda a veracidade da teologia não é o exercício do escrúpulo crítico, mas o temor daquele que é o Senhor da igreja.

Qual é a tarefa da teologia assim descrita? Quando não é dominada pela arbitrariedade ou autoconfiança ou ceticismo quanto ao seu objeto, a teologia participa da obra de edificação da igreja. Não faz isso por sua própria força e sem ajuda, mas dando testemunho do Cristo ressuscitado que fala a sua palavra. Por meio do Espírito, Cristo anuncia sua presença vivificante, alimenta a igreja e a faz crescer em si mesmo. A tarefa particular da teologia é testificar a verdade do evangelho na esteira da própria autotestificação de Cristo. A teologia edifica ao testificar do evangelho como promessa e afirmação da verdade. No trabalho teológico da igreja, o evangelho é articulado como a norma de louvor, confissão e ação da igreja, e a base da compreensão da igreja sobre a natureza e a história humana.

Ao buscar articular o evangelho no *sanctorum communio*, a teologia se concentra em duas tarefas fundamentais, a saber, a exegese e a dogmática. A exegese é de importância supremamente crítica, porque o principal instrumento por meio do qual Cristo publica o evangelho é a sagrada Escritura. Exegese é a tentativa de ouvir o que o Espírito diz às igrejas; sem isso, a teologia não pode nem começar a cumprir seu ofício. A dogmática é complementar, mas estritamente subordinada à tarefa exegética. Não é um aprimoramento da sagrada Escritura, substituindo a linguagem informal e ocasional da Escritura por formas conceituais que são mais organizadas, mais sofisticadas ou mais firmemente fundamentadas. Em vez disso, a dogmática busca simplesmente produzir um conjunto de relatos flexíveis do conteúdo essencial do evangelho como é encontrado na sagrada Escritura, com o objetivo de informar, orientar e corrigir a leitura da igreja. A dogmática tenta uma "leitura" do evangelho que, por sua vez, auxilia a leitura da igreja. O desenvolvimento de tal "leitura" do evangelho envolve, é claro, o desenvolvimento (ou anexação) de vocabulários conceituais e formas de argumento cujo alcance e sofisticação podem parecer distantes das expressões mais imediatas e urgentes das Escrituras. Mas, embora a sofisticação técnica não seja isenta de perigos, ela só é viciosa quando se deixa escapar do fim adequado da teologia, que é a edificação dos santos. Quando esse fim é mantido em vista e permite-se que governe o trabalho da teologia, então a dogmática pode ser buscada como uma modesta obra da razão santificada, sendo transparente para com o evangelho e prestando seu serviço na igreja como a escola de Cristo.

O relato da santidade que é oferecido aqui é um exemplo prático dessa compreensão da tarefa da teologia cristã em seu ambiente eclesial. Essa compreensão da teologia goza de pouco prestígio contemporâneo e é comumente considerada ingênua, assertiva, autoritária e, acima de tudo, fechada. Uma boa parte da teologia sistemática ou dogmática contemporânea tende, em contraste, a ser coloquial ou comparativista em sua abordagem. Teologias "conversacionais" (uma geração antes, poderia tê-las chamado de "correlacionais") constroem a teologia cristã recorrendo a uma ampla gama de fontes culturais, filosóficas e religiosas para desenvolver um relato da fé cristã por meio da elaboração de associações e interrogações que ocorrem à medida que o Cristianismo fala aos outros. Teologias "comparativistas" procuram identificar temas comuns nas religiões do mundo e interpretá-los como manifestações de uma única fonte de valor último. Ambas acreditam que, somente resistindo ao confessional e ao positivo, a teologia cristã pode garantir oportunidades de gerar uma contribuição para a esfera pública.

Em contraste, o tipo de teologia empreendida aqui é menos otimista sobre as perspectivas de tais comparações. É mais natural pensar na cultura anfitriã, não como Atenas, mas como Babilônia. A teologia tem plena consciência da ameaça de maldade na vida da mente. E é intensiva antes de ser extensa. Isto é, seu trabalho está focado em uma gama bastante restrita de textos (o cânone bíblico) conforme eles foram lidos e discutidos na realidade complexa, embora unificada, que chamamos de tradição da igreja. No entanto, embora seja intensiva dessa forma, não é estável ou estabelecida. A persistência com que volta ao seu tema singular é uma tentativa de enfrentar a realidade do evangelho como fonte permanente de inquietação, desconforto e renovação de vocação. A intensidade desse tipo de teologia não é a energia dirigida internamente de um mundo de ideias alcançado e separado, mas aquela de uma forma de pensar que pode ser chamada de escatológica – sempre, isto é, emergindo de sua própria dissolução e reconstituição pela presença do Deus santo.

O que, em segundo lugar, está envolvido em uma dogmática *trinitária* de santidade? Colocado em sua forma mais simples, um relato trinitário da santidade faz duas afirmações relacionadas. A primeira diz respeito à doutrina própria de Deus, ou seja, que Deus é santo como Pai, Filho e Espírito. A segunda afirma que o Deus triúno é o Santo *em nosso meio*; sua santidade é um modo de relação com as criaturas que ele santifica e chama à santidade. Uma explicação dogmática da santidade não se preocupa simplesmente em oferecer uma explicação das propriedades divinas imanentes; nem é uma elaboração de uma espiritualidade ou ética da santificação humana. Em vez disso, sua preocupação é com o caminho percorrido pelo santo Três-em-um que, no cumprimento majestoso de sua própria liberdade, elege, reconcilia e aperfeiçoa a criatura para a santa obediência. Consequentemente, não pensa na santidade divina abstraída dos atos santificadores de Deus *pro nobis*,[1] nem na santidade humana isolada da eleição, da salvação e da obra do Espírito santificador. Essa é a diferença que a doutrina cristã da Trindade faz em um relato teológico da santidade.

Embora os capítulos que se seguem sejam todos moldados por afirmações trinitárias, há muito que eles não tentam fazer.

---

1 N. R. :Expressão latina cujo significado é "por nós".

Eles presumem, em vez de defender, a visão de que a doutrina cristã de Deus é a doutrina da Trindade; e não oferecem nenhum tratamento dos conceitos primários da teologia trinitária, como pessoa, unidade, processão, missão e similares. Nem dão qualquer explicação extensa de questões gerais sobre o que está envolvido em predicar a Deus uma propriedade como a santidade. Embora o livro tenha implicações para tais questões, minha preocupação aqui é bem mais restrita; tento mostrar como um relato trinitário da santidade de Deus contém dentro de si uma maneira particular de pensar a relação e ação de Deus sobre as criaturas, relato que recusa tanto sua separação radical quanto sua confusão. Barth (um tanto bizarramente considerado por muitos como um trinitário relutante) coloca a questão assim:

> O pensamento trinitário força a teologia [...] a ser totalmente séria sobre o pensamento de Deus em pelo menos dois lugares: primeiro, no ponto em que trata-se de uma ação de Deus em relação ao homem, e, em segundo lugar, no ponto em que trata-se de uma ação do homem em respeito a Deus. Está ciente de Deus como a Palavra do Pai que é falada ao homem e como o Espírito do Pai e da Palavra que capacita o homem a ouvir a Palavra. Não pode buscar ter apenas um centro, um sujeito, apenas porque seu sujeito é Deus. À proporção que buscasse resolver-se em mero ensino da ação de Deus em relação ao homem, em puro ensino da Palavra, isso se tornaria metafísica. E à proporção em que buscasse resolver-se em um ensino da ação do homem em relação a Deus, em um ensino puro do Espírito, isso se tornaria misticismo. Não obstante,

a primeira seria um pequeno ensino puro da Palavra de Deus, enquanto a segunda seria um pequeno ensino puro do Espírito de Deus. Um ensino puro da Palavra levará em consideração o Espírito Santo como a realidade divina na qual a Palavra é ouvida, assim como um ensino puro do Espírito do Filho levará em conta a Palavra de Deus como a realidade divina na qual a Palavra nos é dada. Foi com esse pensamento em mente que os Reformadores propagaram o ensino da Palavra de Deus em sua correlação com a fé como obra do Espírito Santo no homem.[2]

Uma dogmática cristã da santidade não é metafísica, porque o Deus santo, alcançando o mundo no Filho e no Espírito, é o santificador; nem é misticismo (ou moralismo), porque a realidade humana é santa apenas na dependência do Espírito do Filho que santifica. Assim, como Barth coloca, uma dogmática trinitária da santidade "não pode buscar ter apenas um centro, um sujeito", *precisamente porque* "seu sujeito é Deus" – Deus conhecido como santo na Palavra encarnada e no Espírito que dá vida. E assim o relato da santidade do Deus triúno como santidade criadora de comunhão no capítulo 2 é seguido, no capítulo 3, por um relato da santidade da igreja e, no capítulo 4, por um esboço da santificação individual do cristão: apenas dessa maneira podemos traçar até o seu fim a trajetória da obra do Deus triúno. Ao abordamos essa tarefa, no entanto, devemos primeiro fazer uma pausa para considerar o que significa falar da santidade da teologia.

---

2 K. Barth, *Protestant theology in the nineteenth century: its background and history* (London: SCM Press, 2001), p. 444-5.

## Capítulo 1
# A santidade da teologia

I

O texto a seguir é um conjunto de reflexões acerca da santidade de Deus a partir do ponto de vista da dogmática Cristã. A dogmática é frequentemente caricaturada como ciência não santa que reduz as práticas da piedade a proposições sem vida. Longe disso: a dogmática é a deleitosa atividade na qual a igreja louva a Deus ao ordenar seu pensamento na direção do evangelho de Cristo. Estabelecida em meio ao louvor, arrependimento, testemunho e serviço do povo santo de Deus, a dogmática — como toda teologia cristã — direciona a atenção da igreja às realidades que o evangelho declara e, responsavelmente, tenta fazer dessas realidades uma questão de pensamento. A missão deste curto estudo é buscar aprender como o evangelho ordena nosso pensamento no elevado assunto da santidade de Deus.

À medida que tratamos desse tema, é imperativo mantermos em mente dois requisitos básicos para pensar de modo cristão a respeito de Deus. O primeiro é que precisamos entender que o pensar teológico *sobre* a santidade é em si um exercício *de* santidade. A teologia é um aspecto da santificação da razão, isto é, do processo em que a razão é mortificada e vivificada pela aterrorizadora e misericordiosa presença do santo Deus. Sem a santificação — sem ser alcançado por Deus e purificado para o serviço de Deus na comunhão dos santos —, o trabalho do pensamento teológico é infrutífero. O segundo requisito para pensar de maneira cristã a respeito da santidade de Deus é que precisamos nos certificar de que estamos pensando acerca do verdadeiro Deus, e não acerca de algum Deus de nossa própria invenção. O falar teológico sobre a santidade de Deus se apoia na mesma regra de qualquer outro falar teológico, a saber, que ele é verdadeiro apenas à medida que busca seguir a realidade de Deus dada. Essa realidade dada é a gloriosa e livre autoapresentação de Deus como Pai, Filho e Espírito, o Santo no meio de nós, estabelecendo, preservando e aperfeiçoando a justa comunhão com o povo santo de Deus.

Na linha desses dois requisitos básicos, esse primeiro capítulo aborda a questão: em qual espécie de pensamento nos engajamos quando pensamos teologicamente acerca da santidade de Deus. A partir daí, os capítulos subsequentes consideram três temas primários: a natureza da santidade de Deus como Pai, Filho e Espírito; a santidade da igreja; e a santidade do cristão. Esses últimos capítulos, então, cobrirão a santidade em conexão com a doutrina de Deus, a doutrina da igreja e a doutrina da santificação cristã. Um ponto crucial para nosso entendimento desses três temas é que não se pode isolar um dos outros, pois a santidade do Deus triúno é uma santidade que se direciona às criaturas de Deus como santidade que cria comunhão. O Deus que é triplamente Santo é o Santo em nosso meio; e, por isso, santidade é um conceito *relacional*, um modo de confessar que encontramos o Santo em suas obras como Pai, Filho e Espírito, ou não o encontramos. Com tais pensamentos em mente, nos dirigimos ao primeiro tema, que é a santidade da teologia. A fim de dar forma ao nosso pensar, ofereço uma proposição como base para nossa reflexão:

> Uma teologia cristã da santidade é um exercício da razão santa; ela tem como contexto e conteúdo a presença revelatória da santa Trindade que é apresentada na santa Escritura; trata-se de uma iniciativa empreendida em oração dependente do Espírito Santo; é um exercício realizado na comunhão dos santos, servindo à confissão do povo santo de Deus; é um trabalho em que a santidade é aperfeiçoada no temor de Deus; e seu objetivo é a santificação do nome santo de Deus.

A apresentação abaixo simplesmente elabora essa proposição, a fim de nos esclarecer como o evangelho ordena nosso pensar.

## II

*Uma teologia cristã da santidade é um exercício da razão santa.* A teologia cristã é um aspecto da santificação da razão; a condição fundamental para o raciocínio teológico é a separação da razão, por Deus, bem como ser tomada, por Deus, para seu serviço. Assim como todo outro aspecto da vida humana, a razão é uma área da obra santificadora de Deus. A razão também — junto da consciência, da vontade e das afeições — precisa ser reconciliada com o santo Deus se quiser funcionar bem. E a boa teologia cristã somente ocorrerá se estiver enraizada na reconciliação da razão pela presença santificadora de Deus.

Esse discurso confronta algumas profundas convenções intelectuais e espirituais da cultura moderna. A modernidade tem, de modo característico, considerado a razão como uma faculdade "natural" — uma qualidade padrão, invariável e fundacional da humanidade, uma capacidade ou habilidade humana básica. Como faculdade natural, a razão, crucialmente, não está envolvida no drama da obra salvadora de Deus; ela não é caída, e, portanto, não precisa ser julgada, tampouco reconciliada ou santificada. A razão simplesmente é; ela é a humanidade em sua natureza intelectual. Consequentemente, a razão "natural" tem sido considerada como razão "transcendente". A razão se posiciona fora e acima de toda convicção possível, de toda forma de vida particular e histórica, observando-as e julgando-as à distância. A razão não participa na história, mas faz julgamentos acerca da história; ela é um legislador intelectual transcendente e soberano e, assim, não responde a ninguém, a não ser a si mesma.

Essas concepções da razão se tornaram tão profundamente incorporadas na cultura moderna e em suas instituições intelectuais mais prestigiadas que se tornaram quase invisíveis a nós. Mas para a confissão cristã, essas concepções estão desordenadas. Acima de tudo, elas estão desordenadas porque desligam a razão e suas operações da economia do tratamento de Deus com suas criaturas. Pensar na razão como "natural" e "transcendente" desse modo é, pelo padrão da confissão cristã, algo corrompido, pois isola a razão da ação de Deus como criador, reconciliador e aperfeiçoador. Uma vez que a razão é vista como "natural" ao invés de "criada" (ou, para colocar de maneira diferente, uma vez que a categoria do "criado" é reduzida ao "natural"), então a contingência da razão é colocada de lado e sua suficiência é exaltada em dissociação do divino dom da verdade. Ou, novamente, quando a razão é apresentada como uma competência natural, então ela não mais é entendida como caída e carecendo de reconciliação com Deus. De novo, quando a razão é considerada como uma capacidade humana de transcendência, então a contínua dependência da razão para com o Espírito vivificador é deixada de lado, pois a razão natural não necessita ser santificada.

A teologia cristã, entretanto, deve insistir em diferir. Deve insistir em diferir porque a confissão do evangelho, pela qual a teologia governa sua vida, exige que se diga que a humanidade, na sua inteireza, incluindo a razão, está contida na história do pecado e da reconciliação. A história do pecado e sua superação pela graça de Deus diz respeito à recriação da humanidade como um todo, e não simplesmente daquilo que identificamos restritivamente como seu aspecto "espiritual". E, por isso, a razão, não menos do que qualquer outra coisa, encontra-se debaixo da exigência divina de ser santa para o Senhor seu Deus.

A teologia cristã é uma instância particular da santidade da razão. Aqui também — como em todo o pensar verdadeiro —, precisamos delinear o que acontece à medida que a razão é transformada pela obra julgadora, justificadora e santificadora do Deus triúno. A santificação da razão, ademais, envolve uma medida de diferença: a transformação da razão anda de mãos dadas com o inconformismo. A razão santa é a razão escatológica, a razão submetendo-se ao processo de renovação de todas as coisas enquanto o pecado e a falsidade são postos de lado, a idolatria é reprovada e a nova criação é confessada com arrependimento e deleite. E, se o que Paulo chama de renovação da mente (Rm 12.2) deve ser visto em algum lugar, tem de ser na teologia cristã, na qual a razão santa é convocada para tratar da grande questão sobre Deus e todas as coisas em Deus. Assim buscamos responder: O que está envolvido no comprometer-se com a teologia *santa*? Como essa ocupação singularmente trabalhosa deve ser caracterizada?

### III

Uma teologia santa *tem como contexto e conteúdo a presença revelatória da santa Trindade*. O santo Deus não é meramente um sujeito-assunto entretido pela mente teológica que inspeciona tudo; ele é o majestoso, aquele cuja presença comunicativa faz a teologia possível, aquele que é a *conditio sine qua non* da teologia.

A teologia santa é responsável no que diz respeito à revelação. Isto é, a teologia cristã é possível apenas por causa do caráter autocomunicativo do santo Deus da confissão cristã. Essa presença reveladora e comunicativa forma o *contexto* no qual a teologia realiza seu serviço como razão santa; e essa presença também determina o *conteúdo* da teologia cristã.

A revelação pode ser definida como a autoapresentação da santa Trindade. É a obra livre da misericórdia soberana, na qual o Deus santo quer, estabelece e aperfeiçoa a comunhão salvadora para consigo mesmo, uma comunhão na qual a humanidade vem a conhecê-lo, amá-lo e temê-lo acima de todas as coisas. Podemos destrinchar isso um pouco. A revelação é *a autoapresentação da santa Trindade*. Ou seja, revelação é um modo de falar acerca daqueles atos em que Deus se faz presente. Isso significa que o *conteúdo* da revelação é a própria realidade de Deus. Revelação não deve ser pensada como a comunicação de verdades escondidas, como se, na revelação, Deus estivesse levantando o véu que está sobre alguma coisa que não seu próprio eu e indicando isso a nós. Revelação é divina *auto*apresentação; o seu conteúdo é idêntico a Deus. Falar de revelação é simplesmente apontar para o falar de Deus acerca de seu próprio santíssimo nome. Além disso, o *agente* da revelação é o próprio Deus; na revelação, o santo Deus apresenta a si mesmo. A realização da presença de Deus não é um empreendimento de um agente outro que não Deus; Deus não é inerte ou inativo, mas eloquente, "fala abertamente" de si mesmo. Desse modo, a revelação é uma *obra livre da misericórdia soberana*. A revelação de Deus é a presença *espiritual* de Deus. Deus é o sujeito pessoal do ato da revelação, e, portanto, a revelação não pode de modo algum ser mercantilizada. Como presença espiritual, a presença do santo Deus é livre: ela não é evocada por nenhuma outra realidade que não ele mesmo, mas é majestosamente espontânea e não causada.

Como autoapresentação do santo Deus em misericórdia livre, a revelação é o estabelecimento de uma *comunhão salvadora*. A revelação é proposital. Seu objetivo não é simplesmente a autodemonstração divina, mas a superação da oposição, da alienação e do orgulho humanos e a substituição por conhecimento, amor e temor a Deus. Em suma: revelação é reconciliação. Barth escreve:

> É isso que revelação significa, esse é o seu conteúdo e dinâmica: a reconciliação foi realizada e concluída. Reconciliação não é a verdade que a revelação nos faz saber; reconciliação é a verdade do próprio Deus que concede a si mesmo livremente para nós em sua revelação.[1]

Sendo a graciosa presença de Deus, a revelação é o próprio estabelecimento da comunhão. Não é tanto uma ação na qual Deus nos informa acerca de outros de seus atos por meio dos quais somos reconciliados com ele; ao invés, conversar sobre a revelação é uma maneira de indicar a força comunicativa da presença salvadora de Deus que cria comunhão. Deus está presente como salvador, e, portanto, comunicativamente presente. Isso significa, por um lado, que a comunhão com Deus é uma comunhão comunicativa na qual Deus é conhecido. E, por outro lado, significa que o conhecimento de Deus em sua revelação não é algo meramente cognitivo: é conhecer a *Deus* e, portanto, amar e temer ao Deus que nos escolheu para ter comunhão com ele. Assim, revelação não é simplesmente uma ponte para uma cisão noética (apesar de incluir isso), mas é reconciliação, salvação e, portanto, comunhão. O idioma da revelação é tanto moral e relacional quanto cognitivo. Revelação é a presença doadora do santo Deus que derruba a oposição a Deus e, ao reconciliar, nos traz para a luz do conhecimento de Deus.

---

1 Karl Barth, "Revelation", em: *God in action* (Edinburgh: T&T Clark, 1936), p. 17.

Esse é um breve esboço do que a revelação significa. O que significa dizer que a revelação divina, assim entendida, é o *contexto* determinativo da teologia cristã como um exercício da razão santa? Mais fundamentalmente, significa que a teologia cristã está incluída na esfera da presença reveladora de Deus e faz seu trabalho dentro dela. A teologia cristã não é um momento de separação intelectual, um ponto no qual o teólogo se afasta da presença da revelação e da prática da fé e adota uma postura diferente — mais abstrata e crítica — a respeito da confissão cristã. O teólogo não se retira do campo da revelação, do arrependimento e do discipulado; na verdade, ele ou ela não conseguem, pois não há lugar para onde o teólogo possa se retirar. Não menos do que em qualquer outra esfera da prática cristã, a teologia cristã é governada pela convocação ordenatória e reveladora da presença de Deus. Ela ocorre dentro da esfera demarcada por essa presença; e, se ela se retira dessa presença ou cai em uma atitude outra que não a de temor ao santo Deus, então ela simplesmente caiu no absurdo.

Mais uma vez, portanto, nos vemos tropeçando no caráter contraditório da teologia como um exercício da razão santa. Um dos grandes mitos da modernidade tem sido que as operações da razão são esferas das quais a presença de Deus pode ser banida, onde a mente é, por assim dizer, protegida da intrusão divina. Em relação a esse mito, a teologia cristã é uma repreensão contundente. Como razão santa em ação, a teologia cristã nunca consegue se desvencilhar da sóbria compreensão de que conversamos na aterrorizadora presença do Deus de quem não podemos fugir (Sl 139.7). Na teologia cristã, a matéria do nosso discurso não é alguém ausente, alguém que conseguimos excluir da nossa própria autopresença intelectual e sobre quem podemos falar demoradamente com segurança e sem perturbações. Nós falamos na presença de Deus. Quando começamos a conversar teologicamente a respeito da santidade de Deus, logo descobrimos que as mesas foram viradas; já não somos nós que convocamos a Deus perante nossas mentes para fazer dele o objeto do nosso discurso inteligente, mas o oposto: o santo Deus se mostra e nos convoca perante ele para prestar contas do nosso pensar. Essa convocação — e não alguma constelação de condições culturais, intelectuais ou políticas — é o contexto determinativo da razão santa. Existem outros contextos, obviamente, outras determinações e restrições no trabalho intelectual da teologia: teologia é um trabalho humano na história humana. Mas essas determinações e restrições são todas subordinadas à reivindicação governadora do santo Deus e relativizadas por ela, uma reivindicação que é, dentre todas as coisas, a mais temível, mas também a mais promissora.

A presença reveladora do Espírito Santo também forma o *conteúdo* de uma teologia cristã da santidade. Pois, como um exercício da razão santa, a teologia não inventa o seu conteúdo, já que seu conteúdo é dado, definitivamente e com autoridade, pela presença reveladora da santa Trindade, que é a substância da confissão cristã.

Como toda teologia cristã, uma teologia da santidade é uma ciência positiva. Isto é, ela opera tanto a partir de um *positum* (algo dado) quanto em direção a ele. Essa realidade dada nós já caracterizamos como a presença comunicativa de Deus, Pai, Filho e Espírito. A surpreendente realidade da revelação é o conteúdo da teologia como razão santa. Porém, como veremos em um momento, falar disso como o "conteúdo" da teologia pode facilmente nos induzir ao erro de pensar que o sujeito-assunto da teologia é meramente mais um conjunto de ideias que a razão pode convocar perante ela mesma em um ato de manipulação. O conteúdo da teologia, o seu *objeto*, é sempre *sujeito*: a revindicação livre, pessoal, completamente convincente do santo Deus. E, então, a relação da teologia com seu conteúdo é muito distante daquela de um mestre ou inspetor; muito além, a teologia se aproxima do seu conteúdo dado como suplicante, penitente e discípula, pois essas atitudes refletem mais apropriadamente a verdade da condição da teologia — escrava da verdade dada do evangelho, no qual, sozinha, a razão pode encontrar sua liberdade.

Porque ela está atrelada a seu objeto — a Deus como sujeito santo, autorrevelador —, a razão teológica não produz seu conteúdo a partir de seus próprios recursos. A razão santa não é um empreendimento *poético*, mas *receptivo*; de fato, na teologia cristã, a poética é equivalente a idolatria. Então, quando a teologia trata apropriadamente da santidade de Deus, o seu discurso não é uma *formação* ou *descoberta* da realidade divina pelas nomenclaturas que atribui àquela realidade. Seu trabalho não é o que tem sido chamado de "atividade imaginativa-discursiva", a geração de símbolos e cifras para Deus, a fim de dar alguma definição a um experiência do numinoso.[2] Se ela empreende seu esforço de modo ordenado, responsável e adequado, então a teologia não é nada além do que uma tentativa de repetir o nome que Deus dá a si mesmo à medida que se manifesta com misericórdia soberana: "Eu sou o SENHOR, o vosso Santo" (Is 43.15). O empreendimento da teologia não

---

2 Edward Farley, *Divine empathy: a theology of God* (Minneapolis: Fortress Press, 1996), p. 79.

é *nomear* Deus, tampouco fabricar quaisquer símbolos para a realidade divina que possam parecer enriquecedores, fundamentadores ou culturalmente convenientes aos amadores da religião ou seus opositores. Ao tratar de um atributo como a santidade, a razão santa é radicalmente antinominalista. Isso não significa, obviamente, negar que a teologia constrói linguagem e conceitos; tampouco se nega que, ao realizar a obra de construção, a teologia não tem o seu próprio estoque de palavras e ideias já prontas, mas que tem que emprestá-las de outro lugar e adaptá-las o melhor que pode. Negar isso seria presumir total e imediato acesso a Deus, intocado pela razão como obra humana. Mas, na teologia, a obra da razão humana é uma obra santificada. Teologia é a razão designada para o serviço da revelação, e, como tal, sua primeira tarefa é lembrar que, ao falar sobre a natureza de Deus, precisa deixar de ser *ratio ratiocinans* (razão especulativa) e aprender — dolorosa e contritamente — a ser *ratio ratiocinata*: razão que recebe seu conteúdo do Deus que dá de si mesmo.

## IV

Para resumir o exposto até aqui: Deus não é convocado à presença da razão; a razão é convocada perante a presença de Deus. Essa presença, em toda sua infinita liberdade, grandiosidade e graça, constitui tanto a esfera em que a razão santa opera quanto a matéria à qual deve incessantemente direcionar-se. Como essa presença é encontrada? A essa questão, nossa proposta oferece uma resposta simples: a presença reveladora de Deus é *anunciada na sagrada Escritura*. A presença comunicativa de Deus é encontrada por meio da Escritura à medida que o Santo comunica sua Palavra, pois a Escritura é o

# A santidade da teologia | 29

instrumento da criatura inspirado e designado por Deus para servir à autoapresentação de Deus. Esses textos são, falando biblicamente, "da parte Deus", pois neles "falaram" aqueles "movidos pelo Espírito Santo" (2Pe 1.21). A sagrada Escritura é o resultado do movimento divino; sua geração não é simplesmente por espontaneidade humana, mas pelo poder movente do Espírito Santo. Esse poder movente ordena esses atos de comunicação humanos e textuais a fim de que sejam adequados a servir à publicação do conhecimento de Deus. Para nossos propósitos presentes, isso significa que a razão santa é um razão exegética, razão direcionada pela leitura desses textos e em direção a eles, os quais são servos ou auxiliares da comunicação da palavra do próprio Deus. Na questão da santidade de Deus, assim como em todos os demais assuntos, a responsabilidade teológica fundamental é a exegese.

Nesse ponto a teologia da santidade se vê numa encruzilhada. Aqui, ela precisa tomar algumas decisões se quer, de modo apropriado, demonstrar seu caráter como exercício da santa razão. Ela pode operar de duas maneiras. Ela pode proceder, primeiramente, elaborando a fenomenologia do "santo", que então formará a base de um relato teológico da santidade de Deus e suas implicações para a santificação humana. Ou, pode proceder diretamente às tarefas exegéticas e dogmáticas, passando por cima da tentativa de enraizar suas considerações na fenomenologia religiosa. Não estou convencido da fecundidade da primeira opção. Aquela opção teve e continua tendo uma presença poderosa, tanto em alguns estilos dominantes de estudos religiosos e culturais quanto nas teologias cristãs modernas que realizam seu trabalho debaixo da tutela da correlação de Tillich entre "o sagrado" e "o divino".

Porém, ao final, tais fenomenologias contribuíram pouco para a dogmática cristã construtiva. Acima de tudo, isso se dá porque, nelas, a noção genérica do "sagrado" foi tratada com prioridade sobre a exegese e tem, com efeito, inundado uma compreensão cristã de santidade. Para uma teologia cristã "positiva", uma que seja governada estritamente pela atenção à revelação por meio da exegese do cânon, a santidade da qual os profetas e apóstolos falam não é uma versão particular de um fenômeno religioso universal. A santidade da qual eles falam é feita conhecida na história das obras de Deus da criação e reconciliação; nessas obras, Deus, por assim dizer, expande o seu ser a nós. Essas obras determinam o conteúdo da santidade; a santidade de Deus e dessas realidades que Deus santifica não é simplesmente "o sagrado"; é, ao invés, inseparavelmente vinculada à identidade promulgada desse Deus. Dizer "sagrado" no seu sentido cristão é apontar para ele, para quem é e para aquilo que faz como criador, reconciliador e santificador de suas criaturas. Santidade não é simplesmente o famoso *mysterium tremendum* de Otto[3] ou "a qualidade daquilo que preocupa o homem por fim",[4] ou o "incólume que está são e salvo" de Derrida.[5] Para uma teologia santa, é melhor evitar as abstrações como "o sagrado", pois o que há é

---

3 Veja Rudolf Otto, *The idea of the holy* (Oxford: Oxford University Press, 1923), p. 12-24 [edição em português: *O sagrado* (São Leopoldo, RS: Sinodal, 2014)].
4 Paul Tillich, *Systematic theology* (Chicago: University of Chicago Press, 1951), vol. 1, p. 215 [edição em português: *Teologia sistemática* (São Leopoldo, RS: Sinodal, 2005)].
5 Jacques Derrida, "Faith and knowledge: the two sources of 'religion'", em: J. Derrida; G. Vattimo, orgs. *Religion* (Cambridge: Polity Press, 1998), p. 36 [edição em português: "Fé e conhecimento: as duas fontes da 'religião'", em: J. Derrida; G. Vattimo, orgs., *Religião* (São Paulo: Estação Liberdade, 2005)].

o Santo, aquele conhecido pelo seu santo nome, aquele que mostra seu braço sagrado. E para o conhecimento dele, o que é necessário é a exegese da Escritura Sagrada. São duas as consequências, aqui, para a operação da razão divina. Primeiro, porque a Escritura sagrada é o *canon autoritativo*, a razão santa encontra nele a sua *norma*. Dizer que a Escritura sagrada é o canon autoritativo é dizer que essa determinada coleção de escritos, recebida e lida como um testemunho profético e apostólico unificado, dado por Deus, reivindica legitimamente o reconhecimento, a sujeição e a obediência da igreja e sua teologia. A autoridade da Escritura para a razão santa é a capacidade concedida pelo Espírito da Escritura de estimular a teologia a pensamentos e discursos verdadeiros. Pensamentos e discursos verdadeiros seguem a ordem dada da realidade. Aquilo que tem autoridade, seja um texto, seja uma pessoa, direciona a razão a essa ordem dada, e, então, forma os atos da razão; a autoridade é potente porque carrega a verdade até nós e ordena a razão de acordo com a realidade. Portanto, a autoridade da Escritura é matéria para o *reconhecimento* da igreja, não sua *atribuição*. Autoridade não pode ser conferida à Escritura pela igreja ou por sua teologia, mas somente saudada como aquela que legitimamente comanda a atividade da razão. Como tal, a autoridade da Escritura não é, de nenhum modo, abstrata ou meramente formal; ela é uma serva da voz viva de Deus como verdade que capacita a igreja a viver a partir da verdade e na verdade.

Como essa norma opera? Caso aja de acordo com essa norma dada, o trabalho da teologia deve demonstrar o que pode ser descrito nos termos mais gerais como um caráter bíblico. Ou seja, deve ser caracterizado acima de tudo pela deferência à realidade do evangelho que é anunciada na Escritura sagrada. Essa deferência é expressa de muitas maneiras: pela recusa da especulação; pela resistência à pressão para amenizar a força imperativa do *sola Scriptura* ou *tota Scriptura*; pela transparência da linguagem e dos conceitos da teologia em relação ao cânon bíblico; e, sobretudo, pela persistência, alegria e humildade com que a razão santa se engaja na tarefa de *ler* a Escritura, não como mestre, mas pupila, e com disposição de aprender em sua escola. Tudo isso está envolvido no tratar a Escritura sagrada como a norma da razão santa.

Segundo, porque a Escritura sagrada é *suficiente*, a razão santa encontra nela o seus *limites*. A suficiência da Escritura é um corolário essencial de sua autoridade como serva inspirada do Verbo de Deus (de fato, é necessário dizer que, onde falta um sentido claro da suficiência da Escritura, pode-se duvidar legitimamente se o reconhecimento adequado foi dado à autoridade da Escritura). A suficiência da Escritura significa que, na Escritura sagrada, pode-se encontrar tudo o que é necessário para a fé a fim de conhecer o evangelho. A Escritura é suficiente para o seu fim, que é a publicação do conhecimento salvador de Deus. Portanto, a razão santa encontra na Escritura os seus limites — isto é, o ponto além do qual a razão santa não *pode* passar porque não *precisa* passar. Se a Escritura como *norma* exige que a teologia leia com deferência, a Escritura como *limite* exige que a teologia demonstre um foco característico em seu trabalho. Ou seja, falar sobre a suficiência da Escritura é um alerta contra permitir que a imaginação da teologia seja seduzida a dar atenção a todo tipo de fontes de fascinação; pois, por mais enriquecedoras e fecundas que possam parecer, no fim, quase sempre constituem uma distração.

A teologia não pode ser, fazer e dizer tudo; quando a teologia busca se relacionar com todos os outros campos da atividade intelectual e cultural, então — por mais que o faça de boa fé e com intenções louváveis — corre o risco de perder sua determinação, integridade e estabilidade como a tentativa de ouvir e repetir a Palavra de Deus. A razão santa, portanto, será caracterizada por uma intensidade concentrada; prosseguindo com seu trabalho, ignorando educadamente os dissuasores, recusando os convites insistentes para envolver-se em todos os tipos de trabalho externo e, em vez disso, dedicando-se obstinadamente à construção dos muros da cidade de Deus.

Novamente, para resumir: temos refletido sobre a afirmação de que, como um exercício da razão santa, uma teologia cristã da santidade tem seu contexto e seu conteúdo na presença reveladora da santíssima Trindade, conforme estabelecido na Escritura sagrada, e que a Escritura sagrada funciona como norma e limite. A partir daqui, passamos a descrever um pouco mais de perto como a razão santa assume o ofício para o qual foi designada. Quatro coisas devem ser observadas: o *ato primário* da razão santa é a oração pela ajuda do Espírito Santo; o *contexto* da razão santa é a comunhão dos santos; o *modo* da razão santa é o temor do Deus santo; e o *fim* da razão santa é a santificação do santo nome de Deus. Analisaremos cada um deles separadamente.

V

Como exercício da razão santa, a teologia cristã é uma *iniciativa empreendida em oração dependente do Espírito Santo*. A razão santa, como vimos, é um ato humano realizado na presença reveladora e reconciliadora de Deus. A razão não se sustenta independentemente dessa presença, gozando de independência de Deus. Muito pelo contrário: se a razão objetiva cumprir seu ofício e se esforçar em direção a julgamentos verdadeiros, então ela deve ser reconciliada com Deus. Essa obra de reconciliação é, entretanto, obra do próprio Deus e somente de Deus. Só pode ser obra de Deus, pois a alienação da verdade que aflige a razão acarreta a incapacidade da razão. Alienada da ordem dada da verdade de Deus e repudiando seu chamado como criatura de Deus, a razão subverte aquela relação com o Deus santo que é a condição essencial para o conhecimento da verdade. Nas palavras de Paulo em Romanos 1: a razão é absolutamente comprometida pela recusa da criatura em glorificar a Deus ou existir em gratidão, e assim a razão se torna fútil, sem sentido e obscurecida. Dessa futilidade, insensatez e escuridão nasce a idolatria, aquela fatídica troca da verdade por mentiras e de objetos dignos de adoração e serviço por imagens. Calvino comenta:

> Eles abandonaram a verdade de Deus e se voltaram para a vaidade de sua própria razão, que é completamente indiscriminada e inconstante. Seu *coração sem sentido* sendo, desse modo, obscurecido não podia entender nada corretamente, ao contrário, em todos os sentidos, nasceu precipitado no erro e na falsidade. Esta foi a injustiça deles, que a semente do verdadeiro conhecimento foi imediatamente sufocada por sua maldade antes de crescer até a maturidade.[6]

---

6 John Calvin, *The epistles of Paul the Apostle to the Romans and to the Thessalonians* (Edinburgh: St Andrew Press, 1961), p. 32-3 [edição em português: João Calvino, *Romanos* (São José dos Campos, SP: Fiel, 2018)].

De tal vaidade, só Deus pode nos curar. Deus faz isso por meio da obra do Espírito Santo. O Espírito julga, mata e regenera a razão com o fim de que possa mais uma vez cumprir a sua vocação, honrando e dando graças a Deus. Por meio do Espírito Santo, a santidade de Deus é exercida sobre a obra da razão. Como veremos no próximo capítulo, quando nos voltarmos para olhar mais diretamente para a santidade como um atributo divino, a santidade de Deus pode ser entendida sob dois aspectos. Um deles é o que o grande teólogo dos atributos de Deus Hermann Cremer chamou de "oposição ativa de Deus ao pecado" (*die Gegenwirkung Gottes gegen die Sünde*); o outro é a santificação de Deus ou separação dos instrumentos das criaturas para o serviço de sua glória.[7] A santidade de Deus como *oposição* é empreendida na obra do Espírito de *mortificatio* (fazer morrer); a santidade de Deus como *santificação* é empreendida na obra do Espírito de *vivificatio* (tornar vivo). E ambos podem — ou melhor, devem — ser estendidos em uma descrição cristã da obra da razão, e, portanto, da teologia. Essa descrição, é claro, não acarreta uma negação da condição de criatura da nossa atividade intelectual (não mais do que falar de santidade moral humana é minar nosso senso de que somos, de fato, agentes morais). O que ela faz é especificar em que *tipo* de atividade das criaturas nós estamos engajados quando fazemos as obras da razão santa. O tipo de atividade da criatura em que estamos engajados é, sugiro, melhor descrito como morte e ressurreição.

Razão santa é razão mortificada. É a razão que foi julgada e destruída, pois foi colocada sob o julgamento de Deus

---

7 Hermann Cremer, *Die christliche Lehre von den Eigenschaften Gottes* (Giessen: Brunnen-Verlag, 1983), p. 43.

contra o que Paulo chama de "toda impiedade e perversão dos homens que detêm a verdade pela injustiça" (Rm 1.18). Esse julgamento e destruição foram efetuados de uma vez por todas na cruz do Filho de Deus, aquele em cuja morte Deus destruiu a sabedoria dos sábios (Is 29.14; 1Co 1.18,19). E a razão santa continua a viver a mortificação enquanto carrega a morte de Jesus dentro de si — isto é, enquanto se submete à exigência de arrependimento incessante, enquanto o Espírito de santidade reprova a idolatria, o orgulho, a vã curiosidade e a ambição da razão, enquanto — em resumo — a razão desaprende a falsidade e aprende a verdade. Razão sagrada também é razão vivificada. Se está sujeita à reprovação do Espírito Santo como Senhor, não está menos sujeita à obra regenerativa do mesmo Espírito doador de vida. Por meio do Espírito que dá vida, a razão é orientada e, portanto, voltada para o seu fim adequado, que é o conhecimento do Deus santo e de todas as coisas nele. Por meio do Espírito, a razão se torna capaz: sua vocação é renovada, e a razão é instruída e equipada pelo Espírito. E, por meio dessa obra santificadora do Espírito, a razão se torna "santa", separada por Deus para que possa assumir o ministério para o qual foi feita e refeita.

É por isso que o empreendimento da razão teológica só pode ser realizado em oração pela vinda do Espírito Santo. Como o trabalho teológico é sempre um processo de mortificação e regeneração, em seu cerne está o ato de implorar a Deus por instrução:

Faze-me, SENHOR, conhecer os teus caminhos,
ensina-me as tuas veredas.
Guia-me na tua verdade e ensina-me... (Sl 25.4,5)

Essa oração não é meramente ornamental na teologia; é essencial. Na oração, a razão olha para Deus, confessando sua inadequação — sua necessidade de ser conduzida à verdade de Deus — e confiando com segurança na instrução do Espírito:

> O primeiro e mais básico ato do trabalho teológico é a oração [...] O trabalho teológico não começa meramente com a oração nem é meramente acompanhado por ela; em sua totalidade, é peculiar e característico da teologia que só possa ser executada no ato da oração.[8]

Falar assim de um trabalho intelectual pode parecer estranho, até ridículo: Pode tal explicação ser outra coisa senão uma explanação desesperadamente idealizada, até mesmo mitológica, das atividades racionais que constituem o estudo da divindade? E diante dessa suspeita, não seria menos embaraçoso fazer uma afirmação muito mais branda — sobre a disposição piedosa ou as virtudes espirituais do teólogo? No entanto, falar de teologia como o exercício da razão santa não é apenas falar de um determinado cenário das afeições do teólogo; em última análise, a santidade não é uma quantidade psicológica ou religiosa. A razão é santa porque Deus age sobre a razão, impedindo seu mergulho no erro e libertando-a

---

8 Karl Barth, *Evangelical theology: an introduction* (New York: Holt, Rinehart & Winston, 1963), p. 160 [edição em português: *Introdução à teologia evangélica* (São Leopoldo, RS: Sinodal, 2016)].

de sua escravidão às nossas vontades corruptas e à nossa hostilidade a Deus. Descrever o trabalho teológico como uma obra da razão santa é dizer que, sem falar desse Deus e de seus atos de julgamento e renovação, não podemos descrever o que acontece quando nos encarregamos de nos arriscar no trabalho do teólogo.

## VI

Em seguida, como razão santa, a teologia é *um exercício realizado na comunhão dos santos, servindo à confissão do povo santo de Deus*. A santidade de Deus, veremos, é a santidade criadora de comunhão. A santidade de Deus é confessada na tradição cristã como a santidade do Deus triúno, aquele que se tornou conhecido como Pai, Filho e Espírito, aquele que se volta para sua criação como seu criador, reconciliador e aperfeiçoador. É, desse modo, uma santidade que reúne e sustenta uma comunidade humana, separada como a comunhão dos santos para ser a resposta humana ao santo amor de Deus. E a teologia é um empreendimento desta *sanctorum communio*, razão designada para servir à confissão comunitária da santíssima Trindade.

Por causa disso, em primeiro lugar, a teologia é uma *atividade realizada na comunhão dos santos*. O domínio da teologia é o domínio da igreja. A teologia participa das mesmas coisas sagradas que a igreja. Ouve a mesma graciosa Palavra de Deus no evangelho; está sob o mesmo julgamento que aquela Palavra pronuncia, e recebe a mesma absolvição da Palavra; é alimentada e renovada pelo mesmo Espírito por meio da Escritura e do sacramento; é uma participante do mesmo elogio e petição; dirige-se pela mesma confissão; ela é marcada, também, pela mesma separação da impiedade que profana o nome santo de Deus. Embora os arranjos institucionais da teologia na modernidade muitas vezes tenham tornado difícil para nós ver este ponto, a teologia não é um momento *transcendente*, uma atividade da mente que se coloca acima da vida meramente doméstica da comunidade cristã e que a submete a um olhar irônico e crítico. A razão santa é a ciência eclesiástica — um conhecer e inquirir que ocorre dentro da "comunidade reunida, fundada e ordenada pela Palavra de Deus", participando do chamado e da promessa que Deus emite para essa comunidade.[9] A modernidade, é claro, nega o título de "ciência" a qualquer atividade assim, bem como nega o título de "razão" para aqueles atos intelectuais que surgem na confissão do evangelho. Mas essas negações nos dizem mais sobre a modernidade do que sobre a ciência ou a razão, e uma teologia santa e confiante não ficará muito preocupada com elas, mas simplesmente cumprirá seu ofício com diligência e com deferência ao chamado de Deus na comunhão dos santos.

A teologia é, em segundo lugar, um exercício da *comunhão com os santos*. Ao fazer seu trabalho na comunidade do povo de Deus, a teologia presta sua assistência à comunidade à qual pertence. Seu ministério particular é ajudar na edificação da igreja, construindo a vida comum da igreja e, assim, servindo à confissão do evangelho. A teologia faz isso, de maneira muito simples, oferecendo uma descrição da substância do evangelho como aquilo a que todo discurso, pensamento e ação na igreja devem se conformar. Na obra da razão santa, a comunhão dos santos submete sua vida à avaliação do evangelho, testando suas apreensões de Deus, julgando-as contra

9 Ibidem, p. 37.

a única norma de toda a verdade, a presença reveladora de Deus como Palavra sagrada. À medida que faz sua teologia, a igreja indaga se realmente fala, pensa e age como a comunhão dos santos; se o evangelho foi ouvido com verdade, arrependimento e inteireza; se as promessas e os mandamentos do evangelho foram reconhecidos em toda a sua autoridade e graça; se em sua confissão do evangelho os eleitos de Deus são verdadeiramente santos e irrepreensíveis diante dele. Crucialmente, no entanto, a teologia não realiza essa tarefa como Senhor ou juiz da igreja. Como poderia? A igreja tem apenas um Senhor e juiz, o próprio Santo, cujo ofício a teologia não pode se arrogar. Em vez disso, o trabalho crítico da teologia é realizado pela submissão exemplar ao evangelho — pela própria teologia se colocando sob a Palavra de Deus que reúne a comunidade, ao governar seu próprio discurso e pensamento pela verdade dada do evangelho, e, acima de tudo, ao olhar para Deus, reconhecendo que, como todas as coisas na vida da igreja, a teologia é impossível a menos que Deus a torne possível. Somente dessa forma — com humildade e sem fingimento — a razão santa pode permanecer em comunhão com os santos de Deus e servir à sua confissão.

## VII

Nossa próxima proposição reúne o precedente, indicando algo sobre o modo da teologia como razão santa. A teologia é uma obra em que *a santidade é aperfeiçoada no temor de Deus*. A perfeição da santidade — ou seja, sua conclusão ou cumprimento — envolve o temor de Deus (2Co 7.1). A santidade é exposta por Paulo em 2Coríntios 6 como uma pureza que envolve tanto uma separação radical do que é impuro quanto também a comunhão com Deus Pai. E a santidade atinge sua plenitude no temor do Senhor que é o princípio da sabedoria. O que isso significa para a teologia como razão santa? A teologia existe sob a mesma condição de todas as outras atividades na vida de fé, a saber, é feita na presença do Santo que "nos encontra como majestade incondicional".[10] Porque Deus é majestoso e, portanto, deve ser temido antes de todas as coisas, encontrá-lo é ser encontrado por aquilo que nunca podemos dominar, que nunca pode se tornar um objeto, uma ideia ou padrão de palavras ou experiência que podemos recuperar e inspecionar à vontade. O santo Deus é totalmente livre; mesmo em sua aproximação da humanidade em que elege e santifica um povo para si, ele não é um bem descartável, uma entidade que pode se tornar parte do patrimônio religioso ou cultural de seu povo. "Não profanareis o meu santo nome, mas serei santificado no meio dos filhos de Israel. Eu sou o SENHOR, que vos santifico" (Lv 22.32). Esse requisito — que Deus seja temido e seu nome santificado — é em muitos aspectos *o* requisito da razão teológica. A razão só pode ser santa se resistir à sua própria capacidade de idolatria, sua tendência natural para a profanação do nome de Deus ao fazer das coisas de Deus uma moeda comum. Uma teologia santa, portanto, será apropriadamente desconfiada de seu próprio domínio do sujeito-assunto; modesta; ciente de que muito do que ela diz e pensa é pó. A santidade de Deus significa que a teologia está sob a seguinte proibição: "Não se aproxime" (Êx 3.5). Consequentemente, a teologia será caracterizada menos

---

10 Gustaf Aulén, *The faith of the Christian church* (London: SCM Press, 1954), p. 123 [edição em português: *A fé cristã*, (São Paulo: ASTE, 2002)].

pela fluência e autoridade e muito mais pela fraqueza, um senso de inadequação de seus discursos com relação ao objeto elevado e santo do qual é chamada a dar testemunho.

No entanto, essa proibição não é um momento absoluto pelo qual a razão é completamente incapacitada. Junto da proibição há, com a mesma força, uma ordem imperiosa para falar: "Quem fez a boca do homem? [...] Não sou eu, o Senhor? Vai, pois, agora, e eu serei com a tua boca e te ensinarei o que hás de falar" (Êx 4). A ordem também é uma promessa — que Deus tornará a razão santa capaz daquilo de que o pecado a torna incapaz; que, porque os discursos da razão estão nas mãos de Deus, estes também podem servir na indicação da verdade do evangelho. A idolatria é reprovada, não pelo silêncio, mas por discursos que expõem o que Deus ensinou. E, em tais discursos, a razão santa dá voz ao temor de Deus.

## VIII

Qual é, finalmente e muito brevemente, o fim ou *telos* do trabalho da teologia como razão santa? É o que Jonathan Edwards chamou de "uma alta estima de Deus",[11] uma *santificação do santo nome de Deus*. A santificação do santo nome de Deus é, como veremos mais à frente, o objetivo básico de todas as obras da comunhão dos santos:

> Celebrem eles o teu nome grande e tremendo,
> porque é santo. (Sl 99.3)

---

11 Jonathan Edwards, "Dissertation I. Concerning the end for which God created the world", em: *Works* (New Haven: Yale University Press, 1989), vol. 8: Ethical writings, p. 442 [edição em português: *O fim para o qual Deus criou o mundo* (São Paulo: Mundo Cristão, 2018)].

Ou, novamente:

> Profira a minha boca louvores ao SENHOR,
> e toda carne louve o seu santo nome, para todo o sempre.
> (Sl 145.21)

Louvor, bênção e santificação nada acrescentam a Deus; não expandem e não podem expandir ou enriquecer a santidade de Deus, que é inesgotável e inquestionavelmente plena e perfeita. São simplesmente um reconhecimento e uma indicação. E a teologia como razão santa encontra sua completude em tal reconhecimento e indicação.

Falar do fim da razão nesses termos é, mais uma vez, recusar-se a segregar a atividade intelectual de outros atos de discipulado. A razão santa é uma prática na vida da comunhão dos santos; como tal, participa do movimento da igreja, compartilhando sua origem e participando de seus objetivos. Abstrair a razão santa desse movimento é interromper seu curso. E não só isso. A negligência dos verdadeiros fins da atividade intelectual da teologia no louvor a Deus envolve quase sempre sua substituição por outros fins, a elevação da razão técnica, histórica ou filosófica, e seu desapego do serviço arrependido e alegre do santo nome de Deus. Seria possível organizar toda uma história da teologia moderna em torno deste tema: as aflições intelectuais que acompanharam o desligamento progressivo da razão da piedade.

Nada disso deve ser tomado como uma sugestão de que a razão santa seja algo diferente de uma atividade humana. A teologia não é inspirada; não é um sacramento do evangelho;

não tem autoridade de magistério na igreja. Não é um meio de graça, mas a obra humana de pensar e falar sobre o Deus santo. Por ser sempre uma obra humana, ela participa da fragilidade e da falibilidade de seus praticantes e seus tempos. A referência da teologia à revelação não a coloca fora da corrente de todos os outros esforços humanos racionais. No entanto, em — e não *apesar de* — seu caráter muito humano, a teologia pode ser razão santa. Pode servir ao Santo e à congregação que se reúne ao redor dele, lutando com ele, implorando sua bênção e, então, como Jacó, mancar à medida que caminha.

Capítulo 2

# A santidade de Deus

## I

O primeiro capítulo refletiu sobre um dos dois requisitos básicos para pensar de modo cristão sobre a santidade de Deus, a saber, que esse pensamento, porque faz seu trabalho na presença do Deus santo que se doa, deve ser um trabalho da razão santa, razão consagrada ao serviço do santo Deus na comunhão dos seus santos. A tarefa da razão nesse assunto é "expor" o "nome maravilhoso" de Deus.[1] Aquele santo nome, que o próprio Deus comunica e ao qual a teologia deve oferecer a reverência da razão, é seu nome como Pai, Filho e Espírito Santo. Somente como uma repetição desse nome, o nosso pensamento sobre a santidade do próprio Deus pode ser governado pelo segundo requisito básico para todo pensamento

1 Cf. John Calvin, *Institutes of the Christian religion*, edição de John T. McNeill, tradução inglesa de F. L. Battles, Library of Christian Classics XX (Philadelphia: Westminster Press, 1960), I.x.2, p. 97-8 (TI – tradução inglesa) [edição em português: João Calvino, *A instituição da religião cristã* (São Paulo: UNESP, 2008-2009)].

cristão sobre Deus, a saber, que esse deve ser um pensamento que diz respeito ao Deus verdadeiro.

Quando nos voltamos, então, para considerar a santidade como um atributo divino, nossa tarefa é delinear uma dogmática trinitária da santidade de Deus. A dogmática, mais uma vez, não é um empreendimento especulativo, um aprimoramento conceitual para o evangelho da maneira que é anunciado nas sagradas Escrituras. O objetivo da dogmática é muito simples – mais uma vez, nas palavras de Calvino: fornecer "às mentes piedosas uma espécie de índice para o que deveriam procurar nas Escrituras a respeito de Deus".² E para guiar-nos, outra proposição:

> A santidade de Deus é a santidade do Pai, do Filho e do Espírito, aquele que leva seu santo nome, que é santo em todas as suas obras, e que é o Santo em nosso meio, estabelecendo, mantendo e aperfeiçoando a comunhão reta com o povo santo de Deus.

## II

*A santidade de Deus é a santidade do Pai, Filho e Espírito.* Todos os atributos de Deus são idênticos à essência de Deus; mas sua essência é seu ser e agir como Pai, Filho e Espírito Santo. Deus é santo em seu ser e atividade triúnos. Assim, quando falamos da santidade de Deus de acordo com a confissão cristã, o Deus de quem falamos é *esse* Deus; e o que é requerido que a teologia diga sobre a santidade é determinado em cada ponto pelo fato de que é confessado a respeito *desse* Deus.

---

2  Ibidem, I.x.1, p. 97 (TI).

Desde o início, isso significa que uma dogmática trinitária da santidade deve seguir um caminho bastante distinto, um caminho já marcado pela presença de Deus, mas ao qual só se pode aderir por meio de certa medida de determinação, assim como por meio de certa medida de entusiasmada liberdade das convenções dos campos vizinhos de atividade racional. A distinção pode ser ressaltada observando-se três demarcações particulares.

Em primeiro lugar, por mais desaprovadores que seus vizinhos pós-modernos possam ser, por mais completamente atávico que possa parecer, uma dogmática trinitária da santidade de Deus será um exercício de "ontoteologia". Pois sua preocupação é – com temor e tremor – proporcionar uma representação conceitual da confissão da igreja sobre as obras e os caminhos da santíssima Trindade. E essa representação requer necessariamente uma ontologia – um relato do ser, da natureza e das propriedades de Deus. Esta ontologia deve ser decididamente dogmática, isto é, governada pelo anúncio do evangelho da história de Deus conosco; e deve, portanto, necessariamente estar envolvida em uma disputa com o teísmo metafísico sobre a natureza de Deus. Mas a dogmática não deve ser persuadida de que a teologia cristã pode sobreviver muito tempo ao abandono da ontoteologia, e deve pensar bastante antes de entregar a doutrina de Deus para desconstrução. Os efeitos inegavelmente corrosivos de certas tradições da metafísica são mais bem retardados, não pelo repúdio à ontologia, mas por sua articulação totalmente cristã.

Em segundo lugar, a distinção de uma dogmática trinitária da santidade de Deus será mostrada em sua falta de interesse em fazer uso da fenomenologia religiosa como fundamento para um ensino cristão positivo, ou em correlacionar suas descobertas com investigações em relação ao fenômeno – cultural, antropológico e religioso – do "sagrado". O notável prestígio desfrutado pela obra *Das Heilige* de Rudolf Otto, durante grande parte do último século, é parcialmente explicável pela capacidade que seu projeto tem de acompanhar uma ampla gama de teólogos – de forma alguma meramente de tendências revisionistas – que encontraram no conceito de "o sagrado" uma base, ou correlato, ou paralelo para algumas das coisas que a teologia cristã tem a dizer sobre Deus. Paul Tillich escreveu:

> Santidade é um fenômeno experimentado; está aberto à descrição fenomenológica. Portanto, é uma "porta" cognitiva muito importante para a compreensão da natureza da religião, pois é a base mais adequada que temos para compreender o divino. O sagrado e o divino devem ser entendidos correlativamente.[3]

Muito pode ser dito a propósito de uma reflexão crítica sobre o projeto que Tillich anuncia: seu apelo a genéricos como "religião" e "o divino"; sua suposição intelectualista de que "compreender" o divino é superior à prática; e suas confusões fundacionalistas. Em termos dogmáticos, entretanto, a característica mais problemática é a desconexão da santidade com a presença e ação divina pessoal. A partir dessa perspectiva, a definição de santidade de Tillich, à qual se fez referência anteriormente – "a qualidade daquilo que preocupa o homem

---

3 Paul Tillich, *Systematic theology* (Chicago: University of Chicago Press, 1951), vol. 1, p. 215 [edição em português: *Teologia sistemática*, 5ª ed. rev. (São Leopoldo: Sinodal/EST, 2005)].

por fim" –, parece um relato curiosamente coxo do assunto, em que o *pro me*[4] luterano se dissolve em uma modulação da individualidade humana, faltando referência à força e particularidade absoluta da presença autocomunicativa de Deus que a dogmática deve se esforçar para manter.

Em terceiro lugar, uma dogmática trinitária da santidade de Deus se encontrará distante de características importantes dos relatos dos atributos divinos oferecidos em alguns estilos dominantes da teologia filosófica analítica. O leitor de tal obra fica imediatamente impressionado com a ausência de envolvimento sério com a santidade divina nas apresentações dos atributos de Deus que são oferecidos ali, e a distinta preferência por dedicar a maior parte da atenção aos assim chamados atributos metafísicos, como onipotência ou onisciência.[5]

4 N. R. :Expressão em latim que, entre outras possibilidades, significa "por mim", para mim" ou "em meu benefício". É usada por Lutero para enfatizar a diferença entre saber que existe um Deus e saber que Deus é *pro me*.

5 Em seu tratamento dos atributos divinos em: *The God of the philosophers* (Oxford: Clarendon Press, 1979), Anthony Kenny, por exemplo, focaliza na onipresença e a onipotência; "outros atributos, como justiça, misericórdia e amor, têm um significado mais óbvio para o crente religioso; mas também são menos imediatamente passíveis de investigação e análise filosófica" (p. 5); observe a restritividade de um método analítico que é incapaz de dar muito sentido filosófico à práticas e crenças religiosas positivas e que, portanto, tem que se limitar à investigação da crença em um deus [como se fosse] por ninguém em particular. R. Swinburne, da mesma forma, omite a força da noção de santidade ao reduzir os atributos divinos à sua forma mais simples possível, na qual todas as propriedades divinas "decorrem de uma propriedade muito simples que designarei [como] tendo poder puro, ilimitado e intencional" (*The Christian God* [Oxford: Clarendon Press, 1994], p. 151); o efeito dessa definição formal é não levar em conta a diferença que seria feita por uma determinação material ou direcional do ser divino fora da atividade divina. Outros relatos dos atributos divinos que não oferecem nenhum tratamento da santidade incluem: R. M. Gale, *On the nature and existence of God* (Cambridge: Cambridge University Press, 1991); E. R. Wierenga, *The nature of God: an inquiry into divine attributes* (Ithaca, NY: Cornell University Press, 1989); J. Hoffman; G. Rosenkrantz, orgs., *The divine attributes* (Oxford: Blackwell, 2002).

As razões para essa negligência são variadas: uma estranha incapacidade de lidar com as positividades de determinadas crenças e práticas religiosas; uma correspondente preferência por representações altamente abstratas e simplificadas do conteúdo da crença cristã como versão da "religião natural"; uma relutância em permitir que a doutrina trinitária desempenhe qualquer papel fundamental na formulação de um relato do ser de Deus; a separação da discussão dos atributos de Deus e da consideração das obras de Deus na economia da salvação.

Mas todas essas características são reforçadas pela maneira que a prioridade é frequentemente dada a questões referentes à essência de Deus acima das questões do caráter da existência de Deus.[6] Um efeito imediato dessa priorização é que a metafísica como ciência do ser tem precedência sobre a exegese e a dogmática (que são simplesmente a reflexão doméstica da congregação eclesial), já que a metafísica, desde o início da modernidade, assumiu a responsabilidade pela tarefa de desenvolver uma descrição dos primeiros princípios.[7] A teologia filosófica analítica moderna é, em muitos aspectos, uma continuação dessa divisão de trabalho, especialmente quando o projeto geral da teologia filosófica é concebido para ser o de dar "razões para a inteligibilidade racional do mundo e do ser humano no mundo na estrutura de uma *concepção de Deus*".[8]

---

6   Sobre a significância da relação da essência de Deus em relação à existência de Deus para uma definição material de Deus, veja E. Jüngel, *God as the mystery of the world* (Grand Rapids: Eerdmans, 1983), p. 100-9.
7   Veja aqui M. Buckley, *At the origins of modern atheism* (New Haven: Yale University Press, 1987).
8   C. Schwöbel, *God, action and revelation* (Kampen: Kok Pharos, 1992), p. 47; cf. C. Gunton, *The Christian faith* (Oxford: Blackwell, 2002), p. 188-91.

O *uso* do conceito de Deus desta forma – seu desenvolvimento na tarefa da explicação completa – molda seu *conteúdo*. Duas consequências devem ser observadas. Primeiro, quando o conceito de Deus é moldado por provas da existência de Deus, as quais servem para subscrever uma explicação completa da realidade, então um peso considerável é atribuído aos comumente chamados atributos metafísicos de Deus:

> A interpretação da realidade fornecida pelas provas teístas só é coerente se Deus puder ser visto como um ser com atributos específicos. Como fundamento universal de existência e explicação, Deus deve ser entendido como necessário, imutável, não causado, onipotente, eterno, onipresente, onisciente e, em todos os aspectos, perfeito.[9]

A santidade tende a ser um acidente desse processo porque é aparentemente menos crucial para definir, em relação a Deus, que tipo de ser deve ser concebido existir caso ele seja o fundamento da existência do mundo. Em segundo lugar, esse uso do conceito de Deus restringe caracteristicamente a relação entre Deus e a criação a uma relação entre poder causal e produto; a linguagem de Deus como agente-em-relação pessoal dificilmente aparece. Mais uma vez, portanto, a santidade desaparece de vista, pois, como um atributo "relativo" ou "pessoal", a santidade é menos importante para conceber um discurso acerca de Deus como o fundamento ontológico do mundo. Mas, como veremos, uma dogmática trinitária, com sua atenção voltada para o ser de Deus conforme exibido na

---

9 Ibidem, p. 50.

obra de Deus na economia da Trindade, ficará desconfortável com a distinção entre atributos metafísicos e relativos e procurará assiduamente enraizar seu relato da santidade de Deus na confissão especificamente cristã de Deus como Pai, Filho e Espírito. Ela procurará evitar o erro da abstração, isto é, o erro de pensar que a doutrina da Trindade não faz diferença real. Para a confissão cristã, a doutrina da Trindade faz toda a diferença no mundo, pois essa doutrina está no centro do evangelho Cristão e, portanto, no centro da compreensão cristã da natureza de Deus e da maneira da relação de Deus para com o mundo. A doutrina da Trindade é a compreensão cristã sobre Deus; e assim a doutrina da Trindade molda e determina a totalidade de como pensamos sobre a natureza de Deus, incluindo como pensamos na santidade de Deus. Resumindo: Deus é santo como Pai, Filho e Espírito

## III

A santidade de Deus é a santidade do Pai, do Filho e do Espírito, ou seja, *a santidade daquele que leva seu santo nome*. Como todos os atributos de Deus, o atributo da santidade é uma indicação do nome de Deus. O *nome* de Deus é sua identidade promulgada, a absoluta particularidade irredutível de Deus como *aquele* que é e age *assim*. O nome de Deus é sua incomparabilidade, sua singularidade. Portanto esse nome, Deus não é simplesmente um mistério santo, algo sem nome e sem voz origem de algum sentido de uma divindade indefinida, inefável e numinosa. Em sua majestade inalterável e inexpugnável, ele é quem ele é: o autodeterminado, totalmente fora do alcance de qualquer comparação ou classe: "Eu sou o Senhor, este é o meu nome" (Is 42.8).[10] Como aquele que é totalmente incomparável, que é em todos os aspectos *a se*, Deus nomeia a si mesmo. O nome que Deus *leva* é o nome que Deus *fala*. Quando o discurso humano o toma para repetir esse nome, seja em louvor, proclamação ou na obra da razão santa, o nome de Deus não é atribuído, mas confessado; Deus não recebe seu nome de ninguém além de si mesmo, pois sua identidade é totalmente auto-originada. O discurso teológico dos atributos divinos é, correspondentemente, não uma *proposta*, uma projeção de uma categoria em Deus, uma nomeação. É, ao contrário, uma repetição do nome de Deus, uma expansão conceitual desse nome que não acrescenta nem vai além dele, mas simplesmente o pronuncia como já foi pronunciado, retornando a ele como aquilo que não pode ser aprimorado, ou dominado ou determinado em qualquer coisa diferente de si mesmo. Todo discurso teológico dos atributos de Deus traça a própria representação divina de seu nome; e assim o discurso teológico da santidade de Deus simplesmente diz: "o Senhor, ele é Deus; o Senhor, ele é Deus" (1Rs 18.39, ESV).

O discurso teológico dos atributos divinos, portanto, não é principalmente uma questão de categorização, mas de confissão; os atributos de Deus são glosas conceituais no nome de Deus, indicadores da identidade de Deus. É por essa razão que a tradição dogmática clássica insistia que,

---

10 *Contra* o argumento de Wolfhart Pannenberg de que o uso predicativo da palavra "Deus" é anterior ao seu uso nominal e o fundamento (*Systematic theology* [Grand Rapids: Eerdmans, 1991], vol. 1, p. 67-8, 70 n. 21) [edição em português: *Teologia sistemática* (Santo André/São Paulo: Academia Cristã/Paulus, 2009), 3 vols.].

quando a teologia enumera uma gama de diferentes atributos de Deus, não está denotando diferentes realidades dentro do ser divino; ao contrário, cada um dos atributos designa a totalidade do ser de Deus sob algum aspecto particular. Quer dizer, a linguagem sobre os diferentes atributos divinos não deve comprometer o princípio que Agostinho enunciou ao dizer que Deus é "simplesmente além de qualquer comparação".[11] A simplicidade de Deus significa que Deus está além da composição; diferentes atributos divinos não denotam, portanto, partes separadas de Deus que, quando reunidas, juntas constituem a identidade divina. Em vez disso, a enumeração dos atributos divinos é meramente uma designação da essência simples de Deus. Os atributos não são *accidentia*, qualidades acidentais em Deus em virtude das quais pode ser dito de Deus, por exemplo, ser santo ou sábio, pois Deus é *essencialmente* santo e sábio. "Em Deus", como diz Agostinho, "ser é o mesmo [...] que ser sábio".[12] Assim, a gama dos atributos divinos não indica nada além da essência divina em sua pureza e simplicidade.

Consequentemente, a dogmática clássica relutava em permitir que os atributos divinos pudessem ser distinguidos *realiter* – isso, por causa do desejo de sustentar que "todo atributo é uma manifestação da mesma essencialidade absolutamente simples de Deus".[13] O perigo – do qual a dogmática clássica estava agudamente ciente – era que essa afirmação pudesse rapidamente escorregar para o nominalismo. Pois, se uma poderosa doutrina da simplicidade de Deus nos leva a

---

11 Augustine, *De Trinitate*, VI.iv.6 (tradução do autor).
12 Ibidem, VI.iv.6.
13 H. Heppe, *Reformed dogmatics* (London: Allen & Unwin, 1950), p. 59.

afirmar que os vários atributos de Deus são distintos meramente *rationaliter*,[14] então o ceticismo pode seguir: falar das propriedades divinas é deixado sem apego à realidade divina, e Deus pode facilmente se tornar um vazio em branco e inominável.[15] Como salvaguarda, é importante sustentar que, embora as distinções que a razão faz entre os diferentes atributos divinos não correspondam de forma direta a distinções dentro do ser mais simples de Deus, elas são, por tudo isso, distinções não meramente racionais ou nocionais. São distinções fundadas na realidade daquilo pelo que a razão é abordada – a autopresença de Deus como criador, reconciliador e aperfeiçoador; e, portanto, são o trabalho de *ratio ratiocinata*,[16] e não meramente projeções mentais:

> Aos nossos comumente chamados conceitos formais, realmente diferenciados uns dos outros, lá respondem, sobre a destra de Deus, vários conceitos objetivos, a observação de que, em Deus está, somente, a única perfeição infinita, apreensível por nosso entendimento, por causa de sua finitude e fraqueza nativas, apenas em vários atos, em partes, por assim dizer.[17]

Isso soa ferozmente abstrato; mas subjacente à sua formalidade está um princípio profundo de toda fala cristã sobre

---

14 N. R.: Termo latino cujo significado é "racionalmente", "razoavelmente".
15 Charles Hodge tem um tratamento aguçado dos perigos de negar quaisquer distinções reais entre os atributos divinos em: *Systematic theology* (London: Nelson, 1877), vol. 1, p. 371-4 [edição em português: *Teologia sistemática* (São Paulo: Hagnos, 2001)].
16 N. R.: Expressão em latim cujo significado é "razão raciocinada".
17 P. Mastricht, citado em: Heppe, *Reformed dogmatics*, p. 60.

Deus, a saber, que essa fala é uma indicação do ato puro e singular do ser de Deus, seu ser para si mesmo até seu ser em nosso favor em sua obra misericordiosa como Pai, Filho e Espírito. A simplicidade de Deus é sua irredutível hecceidade, executada no drama de suas obras. O simples ato no qual Deus é quem ele é, esse é o ato que Jüngel chama de "a simplicidade concreta de Deus".[18] Falar da simplicidade de Deus, e, desse modo, dos atributos de Deus como denotando, todos, essa simplicidade, não é reduzir Deus a um ponto (vontade pura, talvez, ou causa pura), mas referir-se à "plenitude inesgotável" do ser e da ação do Deus triúno.[19] A simplicidade de Deus é a plenitude singular de Deus, o que Agostinho, em uma bela frase, chama de "simples multiplicidade ou multipla simplicidade", e o que chamei de "nome" de Deus ou "identidade promulgada", a plenitude da qual todos nós recebemos, graça sobre graça.

Resumindo, portanto: quando a teologia fala dos atributos de Deus, ela está tentando um rico conjunto de ampliações conceituais sobre a simplicidade concreta de Deus, a interpretação de sua identidade, que Deus dá como aquele que é. O amor, a misericórdia, a paciência, a justiça e a santidade de Deus; a infinitude, a impassibilidade, a imutabilidade e a onipotência de Deus, todos dizem uma coisa, simultaneamente muito simples e muito abrangente: *Deus é*. O conteúdo do termo "santidade" no caso de Deus é totalmente determinado por sua referência à pessoa de Deus. O predicado (santo) é exaustivamente definido pelo sujeito (o Deus triúno). Santidade, observa o teólogo ortodoxo romeno Staniloae, não é

---

18 E. Jüngel, "Theses on the Relation of the Existence, Essence and Attributes of God", *Toronto Journal of Theology* 17 (2001), p. 66.
19 Ibidem, p. 66.

"o atributo do mistério impessoal", mas "o atributo da transcendência como pessoa".[20] Ou seja, a santidade é um predicado do ser pessoal, ação e relação do Deus triúno, da execução concreta de Deus em sua simplicidade; não é uma qualidade em abstração, mas um indicador do "nome" de Deus.[21]

## IV

Como Pai, Filho e Espírito, Deus é *santo em todas as suas obras*. Deus é santo; mas Deus é o que Deus faz, e, portanto, a santidade de Deus deve ser definida a partir das obras de Deus. O contexto determinante para falar da santidade de Deus é a análise da "economia" das obras de Deus. Por "economia", nos referimos ao âmbito abrangente das relações de Deus com a criação e a humanidade – como criador, como salvador e como aquele que levará seus propósitos à perfeição. O panorama do que o Deus triúno faz é a execução do ser de Deus. E porque a identidade de Deus é promulgada em suas obras, a reflexão teológica dos atributos de Deus deve proceder com base na realidade dada de Deus fazendo-se conhecido como o Pai, o Filho e o Espírito, aquele que se posiciona em relação ao mundo e está trabalhando no mundo como seu criador, salvador e aperfeiçoador. Para a confissão cristã, não há outro Deus além deste; a essência e a natureza de Deus, e, portanto, a santidade de Deus, devem ser percebidas aqui, nas obras de Deus, ou não são percebidas de forma alguma.

---

20 D. Staniloae, *Orthodox dogmatic theology: the experience of God* (Brookline: Holy Cross Orthodox Press, 1994), p. 223.
21 Cf. G. von Rad, *Old testament theology* (Edinburgh: Oliver & Boyd, 1962), vol. 1, p. 206 [edição em português: *Teologia do Antigo Testamento*, 2. ed. rev. (São Paulo: ASTE/Targumim, 2006), volume único], sobre o modo em que, em Israel, a santidade é "muito mais rigorosamente ligada ao próprio Jahweh".

Começar aqui tem consequências especialmente importantes para um relato da santidade divina. Os atributos divinos, eu tenho sugerido, são maneiras de proporcionar glosas sobre o nome divino, uma indicação da identidade de Deus como nobre reconciliador e redentor. Uma maneira bastante formal de fazer isso seria dizer que os atributos de Deus são o que tem sido chamado de "predicados de traços de caráter", isto é, maneiras de falar que "chamam atenção para padrões no comportamento de uma pessoa ao longo do tempo".[22] Esses predicados são maneiras de identificar a ação intencional de pessoas; e, no caso dos atributos divinos, isso significa que "Deus carregará esses atributos pessoais como um agente cuja identidade se manifesta na ação".[23] Outra forma, um tanto mais diretamente dogmática, seria dizer que os atributos de Deus articulam a história da conduta de Deus para conosco:

> Como uma descrição da essência divina [...] cada predicação de Deus é um recontar resumido que expressa a autor-relação divina com base na conduta de Deus para conosco [...] Os predicados de Deus *identificam quem* Deus é no fato de que eles *descrevem o que* Deus é. Assim, eles *relatam quem e o que* Deus é [...] [Os] atributos básicos da divindade de Deus são conceituados com base no contexto fundamental da história de Deus.[24]

---

22 T. Tracy, *God, action, and embodiment* (Grand Rapids: Eerdmans, 1984), p. 19.
23 Ibidem, p. 20; cf. Schwöbel, *God, action, and revelation*, p. 58-9.
24 Jüngel, "Theses", 3.7.1, 3.7.2, 5.5.1; cf. W. Krötke, *Gottes Klarheiten. Eine Neuinterpretation der Lehre von Gottes 'Eigenschaften'* (Tübingen: Mohr, 2001), que sugere que "cada atributo de Deus deve ser desenvolvido com base no movimento de Deus em direção ao mundo, uma vez que foi um evento na história de Jesus Cristo e permanece um evento no Espírito Santo" (p. 114).

# A santidade de Deus | 59

Santidade é um modo da atividade de Deus; falar da santidade de Deus identifica a maneira de sua relação conosco. Pois se a palavra "santo" é uma abreviatura para um padrão de atividade, se indica – como von Rad colocou – "um relacionamento mais do que uma qualidade", então o Deus santo é precisamente Deus manifestado à humanidade em sua graciosa inflexão.[25] "A santidade de Deus", escreveu Bavinck, "é revelada em toda a sua revelação ao seu povo, na eleição, na aliança, na sua revelação especial, na sua habitação entre eles".[26] Qual, então, podemos perguntar, é a força da linguagem de fé da santidade de Deus? Que aspecto particular da identidade unificada do ser, das obras e dos caminhos do Deus triúno é indicado por essa linguagem? Podemos responder assim: Falar da santidade de Deus denota a majestade e pureza singular que o Deus triúno é em si mesmo e com as quais ele age em relação à vida de suas criaturas e nelas, opondo-se àquilo que se opõe ao seu propósito como criador, reconciliador e aperfeiçoador, e levando esse propósito à sua conclusão na comunhão dos santos. Santidade, porque é a santidade do Deus e Pai de nosso Senhor Jesus Cristo agora presente no poder do Espírito, é pura majestade em relação. A santa majestade de Deus, mesmo em sua inacessibilidade, não é caracterizada por uma santidade que é a diferença abstrata ou alteridade, uma contrarrealidade do profano; é uma majestade conhecida na inflexão, promulgada e manifesta nas obras de Deus. Majestade e relação não são momentos opostos na santidade de Deus; são simplesmente articulações diferentes da idêntica realidade. Pois se a relação de Deus conosco fosse meramente

---

25 G. von Rad, *Old testament theology*, vol. 1, p. 205.
26 H. Bavinck, *The doctrine of God* (Edinburgh: Banner of Truth Trust), 1991, p. 213.

subordinada à sua majestade primária, então a essência de Deus permaneceria totalmente além de nós, para sempre oculta; e se a relação de Deus conosco não fosse majestosa, então essa relação não seria mais aquela em que encontramos Deus. Uma condição essencial, portanto, para dar sentido dogmático à santidade de Deus é evitar a polarização da majestade e da relação; a distância divina e a abordagem divina são um movimento no ser e no agir de Deus.[27] Em resumo: a santidade manifestada nas obras do majestoso Deus triúno é manifesta

27 Desse ponto de vista, podem ser levantadas questões sobre a distinção traçada por Staniloae entre santidade como uma qualidade da santíssima Trindade, que é "apofática e indefinível" e, portanto, apropriadamente chamada de "supra-santidade" (Staniloae, *Orthodox dogmatic theology*, p. 222), e santidade como uma relação divina com as criaturas. Mesmo que Staniloae continue a admitir que, "na santidade manifestada no mundo, a mesma combinação do transcendente e do revelado, da elevação e da condescendência, em Deus é revelada" (p. 222), a dificuldade de contrabalançar majestade e relação permanece sem solução. Da mesma forma, Tillich sugere que a santidade como relação é "paradoxal":

O caráter inacessível de Deus, ou a impossibilidade de ter uma relação com ele no sentido próprio da palavra, é expresso na palavra "santidade". Deus é essencialmente santo e toda relação com ele envolve a consciência de que é paradoxal estar relacionado com aquele que é santo. Deus não pode se tornar um objeto de conhecimento ou um parceiro na ação. Se falamos, como devemos, da relação ego-tu entre Deus e o homem, o tu abraça o ego e, consequentemente, toda a relação [...] Em última análise, é um insulto à santidade divina falar sobre Deus como falamos de objetos cuja existência ou não existência podem ser discutidas. É um insulto à santidade divina tratar Deus como um parceiro com quem se colabora ou como um poder superior a quem pode-se influenciar por ritos e orações. A santidade de Deus torna impossível atraí-lo para o contexto do mundo do ego e da correlação sujeito-objeto. Ele mesmo é o fundamento e o significado dessa correlação, não um elemento dentro dela (Paul Tillich, *Systematic theology*, vol. 1, p. 271-2).

Entretanto, porque não é fortalecido por um relato trinitário da relação de Deus e as criaturas, o relato de Tillich tende a polarizar a santidade intrínseca e extrínseca; sem uma explicação da relacionalidade livre do Deus triúno, sua única salvaguarda contra a imanentização da santidade divina é a noção dogmaticamente vazia de "paradoxo". Brunner fala em termos igualmente abstratos da "dialética da Santidade e do Amor" (E. Brunner, *The Christian Doctrine of God: dogmatics* (London: Lutterworth Press, 1949, p. 163), vol. 1 [edição em português: *Dogmática: doutrina cristã de Deus* (São Paulo: Fonte Editorial, 2019), vol. 1].

como *relação pessoal* e *moral*, como uma relação entre as pessoas da santíssima Trindade e as criaturas que Deus convoca à santa comunhão consigo mesmo.²⁸ Um corolário imediato aqui é que as distinções familiares entre os atributos absolutos ou metafísicos e relativos ou pessoais de Deus podem ter apenas aplicação limitadora. Quando utilizadas da melhor forma possível, essas distinções tentam sustentar que Deus é livre em relação à criação e que a liberdade de Deus é precisamente sua liberdade para relação. Mas as distinções podem rapidamente se tornar viciosas, se lhes for permitido erodir a coerência do ser de Deus *ad intra* e seu ser *ad extra*, ou criar uma lacuna entre a essência e a existência de Deus, sugerindo que existem

28 Essa relação não pode ser declarada por meio das categorias de uma metafísica não pessoal, mas requer que a linguagem da agência pessoal e da relação histórica sejam mantidas como irredutíveis. Izaak Dorner em seu tratamento (de outro modo admirável) da santidade divina no Antigo Testamento observa que a santidade "não é um mero atributo negativo ou transcendente de Deus, mas também é de valor positivo na realização do mundo" (I. Dorner, *System of Christian doctrine* [Edinburgh: T&T Clark, 1880, vol. 1, p. 322]); contudo, ele continua (p. 323) declarando essa comunicação de santidade em termos não pessoais: "Ela cria uma nova vida espiritual aplicando sua alma, Santidade, à propagação de si mesmo no mundo" – observe como o efeito imediato de traduzir fora da categoria de relação pessoal é omitir a distinção (e, portanto, é claro, a relação) entre Deus e o mundo. Pannenberg, da mesma forma, adota uma estrutura hegeliana para articular a santidade divina, sugerindo uma "afinidade estrutural entre o que a Bíblia diz sobre a santidade de Deus e o conceito do verdadeiro Infinito. O Infinito que é apenas uma negação do finito ainda não é verdadeiramente visto como o Infinito (como Hegel mostrou), pois é definido pela delimitação de outra coisa, ou seja, o finito [...] O Infinito é verdadeiramente infinito apenas quando transcende sua própria antítese ao finito. Nesse sentido, a santidade de Deus é verdadeiramente infinita, pois se opõe ao profano, mas também entra no mundo profano, penetra nele e o torna santo" (W. Pannenberg, *Systematic theology*, vol. 1, p. 400). A ausência de uma linguagem de santidade como relação voluntária é notável aqui; a fala de Pannenberg sobre "a essência de Deus como Espírito", que expressa "o fato de que o próprio Deus transcendente é caracterizado por um movimento vital que o faz invadir o que é diferente de si mesmo e dar a isso uma participação em sua própria vida" (p. 400), move-se em uma direção bastante diferente.

atributos divinos *não relacionais* (metafísicos). O atributo de santidade é particularmente difícil de assimilar no esquema absoluto-relativo, cujas severas limitações ele, por causa disso, expõe. Pois, como um atributo absoluto, a santidade enfatiza a transcendência divina; e, como um atributo relativo, a santidade também chama a atenção para a obra de Deus como o criador, reconciliador e santificador do mundo. Santidade é, portanto, uma ilustração reveladora da regra dupla articulada por Martensen: "não há atributos divinos que [...] não expressem uma relação de Deus com o mundo"; e "não há atributos divinos [...] que não remontem ao próprio Deus".[29]

Deus é santo, e, portanto, a santidade caracteriza todos os caminhos de Deus; em tudo o que faz ele é santo, e não pode não ser santo como não pode não ser Deus. Como todos os caminhos de Deus são misericordiosos e verdadeiros; como todos os seus caminhos são o exercício de sua onipotência; então todos os caminhos de Deus são santos. A santidade permeia todas as obras de Deus; é o que Aulén chama de "o pano de fundo e a atmosfera da concepção de Deus".[30] A difusão da santidade em todas as discussões sobre Deus levou alguns a sugerir que a santidade não deve ser tratada como um atributo separado, tomando seu lugar em uma exposição sequencial de todas as perfeições divinas, ao contrário, deve ser exposta primeiro como o que é: um ingrediente dentro de todos os atributos de Deus.[31] O instinto dogmático aqui é sólido, e organizar o material dessa maneira tem suas vantagens.

---

29  H. Martensen, *Christian dogmatics* (Edinburgh: T&T Clark), 1898, p. 92.
30  Gustaf Aulén, *The faith of the Christian church* (London: SCM Press, 1954), p. 121 [edição em português: *A fé cristã*, 2. ed. (São Paulo: ASTE, 2002)].
31  Veja, por exemplo, E. Schlink, *Ökumenische Dogmatik. Grundzüge* (Göttingen: Vandenhoeck & Ruprecht, 1983), p. 760-1; Krötke, *Gottes Klarheiten*, p. 116.

No entanto, o instinto deve ser seguido com alguma cautela, acima de tudo para que não leve a uma assimilação da santidade à asseidade divina, mais uma vez comprometendo não só o caráter relacional da santidade da santíssima Trindade, mas também a identidade do ser de Deus *in se*,[32] com sua inflexão em relação a nós. Como Cremer coloca a questão: "Por meio da revelação da santidade de Deus, a divindade real de Deus torna-se verdadeiramente revelada [...] [Santidade] é o atributo decisivo para conhecer e reconhecer Deus e para compreender sua vontade e ação; deste atributo, todos os outros conhecimentos dos atributos de Deus dependem. Se a santidade de Deus não é percebida e compreendida, então toda a obra e conduta de Deus não são compreendidas".

## V

Como Pai, Filho e Espírito, Deus é *o Santo em nosso meio, estabelecendo, mantendo e aperfeiçoando a comunhão reta com o povo santo de Deus.*

Para resumir até agora: Deus, a santíssima Trindade, é conhecido em sua inflexão para nós, e, por isso, falar da santidade de Deus é falar com base em sua majestosa presença autocomunicativa e salvadora. Deus, o Santo, é o Santo *em nosso meio*. A consequência crucial disso para como pensamos sobre a santidade de Deus é que a ideia da santidade de Deus é um conceito *relacional*. Ou seja, o que ela articula é a origem, a maneira e o objetivo da relação que Deus mantém com sua criação.

Ao destacar o caráter relacional da santidade triúna de Deus, não estamos subjetivando esse atributo, traduzindo-o

---

32 Expressão em latim cujo significado é "em si mesmo(a)". (N. do R.)

em uma forma de falar sobre nós mesmos e nossa maneira de experimentar e nos relacionar com Deus. Dizer isso seria cair em algumas das armadilhas que enredaram os relatos dos atributos de Deus na teologia ocidental desde o início do século 19 pelo grande teólogo reformado Schleiermacher. "Todos os atributos que atribuímos a Deus devem ser tomados como denotando não algo especial em Deus, mas apenas algo especial na maneira pela qual o sentimento de dependência absoluta deve ser relacionado a ele."[33] A famosa definição de Schleiermacher pretende negar o que ele chama de "caráter especulativo" dos atributos divinos e resgatar sua importância soteriológica.[34] No entanto, esse empreendimento indiscutivelmente louvável rapidamente se desfaz. Pois onde Schleiermacher foi cautelosamente referencial, seus herdeiros muitas vezes se tornaram nominalistas, e até mesmo céticos. Quando os atributos divinos se tornam principalmente maneiras de caracterizar as apreensões religiosas do divino, apreensões preenchidas culturalmente e experiencialmente, então o próprio ser de Deus é, na melhor das hipóteses, deixado indefinido e, na pior das hipóteses, torna-se um espaço em branco, um vazio que então temos de preencher ativamente com ideias de nossa própria invenção. Em oposição a isso, falar da santidade de Deus indica, de fato, o ser de Deus. Mas porque isso indica o ser *desse* Deus, o Deus triúno da confissão cristã, isso fala, não de Deus em abstração de nós, antes, fala da presença de Deus como

---

33 F. D. E. Schleiermacher, *The Christian faith* (Edinburgh: T&T Clark, 1928), p. 194. Veja E. Farley, *Divine empathy*, para um equivalente contemporâneo sofisticado. Não estou convencido pela tentativa de G. Ebeling de ler Schleiermacher como "relacional", e não como "subjetivo": veja "Schleiermachers Lehre von den göttlichen Eigenschaften", em: *Wort und Glaube* II (Tübingen: Mohr, 1969), p. 305-42.
34 Ibidem, p. 195.

aquele que se volta para nós em misericórdia e graça. A santidade de Deus se nos dá a conhecer na maneira pela qual, como Pai, Filho e Espírito, Deus entra em relação conosco e lida conosco como criador, salvador e santificador. Essa relação – essa inflexão, esse movimento misericordioso de Deus no qual, em plena liberdade, o Deus santo se dirige de fato para nós – é o lugar onde Deus se manifesta a nós, e, portanto, o lugar onde o seu ser é conhecido. O Deus Santo é quem ele é em suas obras, e suas obras são o direcionamento de si mesmo para nós como criador, salvador e santificador. Com base na consideração dessas obras – e somente nessa base – devemos discernir a santidade de Deus.

É difícil enfatizar a importância desse caráter relacional para compreender a natureza da santidade de Deus. É fatalmente fácil pensar na santidade de Deus simplesmente como um modo da pura alteridade e transcendência de Deus – isto é, como o oposto de relacional; como concernente não a Deus *conosco*, mas a Deus *separado de* nós. Mas seguir esse caminho é entender radicalmente mal o testemunho bíblico. A santidade de Deus não deve ser identificada simplesmente como aquilo que distancia Deus de nós; antes, Deus é santo precisamente como aquele que, em majestade e liberdade e poder soberano, se inclina para nós em misericórdia. Deus é o Santo. Mas ele é o Santo "no meio de vocês", como diz Oséias (Os 11.9); ou, como diz Isaías: "Grande no meio de ti é o Santo de Israel" (Is 12.6, ESV).

Consequentemente, a santidade de Deus não deve ser simplesmente associada à sua transcendência, mas igualmente à sua condescendência. Dito de outra forma: a transcendência de Deus não é diferente ou algo além da liberdade com que o

Deus santo condescende para se mover em direção ao mundo e à humanidade. Em particular, é importante manter que a santidade de Deus é inseparável do fato de que Deus é o Deus da aliança. Deus é o Santo *de Israel*, o que significa dizer que Deus é santo precisamente ao chamar um povo para ser seu próprio povo, ao purificá-lo e mantê-lo contra todas as ameaças para que ele possa ser sua possessão particular. Assim, o famoso imperativo em Levítico – "Sereis santos, porque eu, o Senhor vosso Deus, sou santo" (Lv 19.2, ESV) – não considera a santidade de Deus simplesmente como a distância de Deus ou a diferença absoluta, mas, sim, como aquilo que é conhecido na atividade criadora de aliança de Deus. O mesmo pensamento é captado em 1Pe 1.15: "como aquele que vos chamou é santo, sede santos em toda a vossa conduta" (ESV). A santidade de Deus não pode ser isolada do chamado de Deus para com um povo. A santidade de Deus é real como eleição para aliança, uma eleição que é sempre renovada nos atos de julgamento e reconciliação de Deus:

> O Deus santo [...] age como aquele que elege, *aquele que atrai para si*, aquele que estabelece a comunhão – como aquele que traz a salvação e se dá [...] O totalmente Outro da santidade divina encontra sua expressão mais potente na realidade de que a comunhão com ele só é possível com base no fato de que, fora de si mesmo e por amor livre, ele tomou para si as tribos escravizadas israelitas.[35]

---

35 Schlink, *Ökumenische Dogmatik*, p. 761.

Esse elo inquebrável entre santidade e aliança é crucial, porque articula como a santidade de Deus não é um atributo abstrato e de oposição, mas relacional, o fundamento da relação livre e misericordiosa do Deus justo com seu povo. A santidade do Deus criador de aliança não pode ser exposta como se fosse simplesmente um tipo de pureza moral que se mantém distante de toda contaminação. Certamente há uma meia verdade nessa noção: pureza moral envolve separação; não pode haver comunhão fácil entre Deus e a maldade (e, portanto, entre o povo de Deus e a maldade); a santidade de Deus significa que ele tem "olhos são tão puros, que não suportam ver o mal; não pode[m] tolerar a maldade" (Hb 1.13, NVI). Mas a meia verdade pode se tornar uma distorção se deixarmos de ver que a santidade de Deus é muito mais do que retidão em conformidade com uma lei moral abstrata. Em suas *Lições sobre a doutrina filosófica da religião*, da primeira metade da década de 1780, Kant observa que "a razão nos leva a Deus como santo legislador", pois "a santidade é a perfeição moral absoluta ou ilimitada da vontade. Um ser santo não deve ser afetado com a menor inclinação contrária à moralidade [...] Assim entendido, nenhum ser senão Deus é santo".[36] Mas Kant interpreta mal a dinâmica da santidade divina. Em parte, isso se deve ao fato de que ele faz de Deus um mero exemplo de congruência com uma lei moral externa ao seu ser, em vez de ver Deus como em si mesmo "a fonte de toda santidade".[37] Mas também é porque ele falha em ver que a santidade de Deus

---

36 Immanuel Kant, *Lectures on the philosophical doctrine of religion* [edição em português: *Lições sobre a doutrina filosófica da religião* (Petrópolis: Vozes, 2019)], em: A. W. Wood; G. di Giovanni, orgs., *Religion and rational theology* (Cambridge: Cambridge University Press), 1996, p. 409.

37 Mastricht, citado em: Heppe, *Reformed dogmatics*, p. 93.

não é principalmente *moralmente legislativa*, mas *soteriológica*. A dinâmica da santidade é a história da presença salvadora e consagradora de Deus; santidade como "lei" só faz sentido na comunidade de salvação que essa presença estabelece. E então, mais uma vez, a separação total de Deus da maldade deve ser entendida dentro do escopo das relações de Deus com a humanidade. Santidade não é a antítese da relação – ela não afasta Deus do profano e tranca Deus em uma separação pura e absoluta. Em vez disso, a santidade de Deus é a qualidade da relação de Deus com aquilo que é profano; como o Santo, Deus é aquele que não permanece simplesmente separado, mas vem ao seu povo e o purifica, tornando-o em sua possessão particular. Falar da santidade de Deus indica a maneira pela qual o Deus soberano se *relaciona*. Como o Santo, Deus julga o pecado e o nega. No entanto, o Deus santo faz isso, não de longe, como um legislador independente, mas na missão reconciliadora do Filho e no derramamento do Espírito santificador. Ou seja, a destruição do pecado por Deus é realizada em seus atos triúnos de *comunhão* com a humanidade, nos quais ele condena, perdoa e purifica tomando sobre si a situação da criatura arruinada, em soberana majestade expondo-se ao nosso perigo e só assim colocando um fim em nossa impiedade. A "oposição ativa de Deus ao pecado" é, portanto, conhecida na economia da salvação como uma "unidade de julgamento e graça".[38]

É exatamente neste ponto que um relato teológico cristão da santidade de Deus entrará em discussão sobre a natureza trinitária de Deus. A doutrina da Trindade nos diz quem Deus é com base nas obras de Deus de criação, salvação

---

38 Cremer, *Die christliche Lehre von den Eigenschaften Gottes*, p. 36.

e aperfeiçoamento. Como tal, é um bloqueio crucial contra uma tentação à qual todas as teologias estão expostas, a saber, a de restringir ou truncar a abrangência da relação de Deus com o mundo e de identificar Deus com apenas um modo de relação. Em um relato trinitário do assunto, falar da santidade de Deus indica a relação de Deus com o mundo, a qual podemos discernir em toda a extensão de suas obras. Acima de tudo, a doutrina da Trindade impede relatos abstratos da santidade de Deus — "abstratos" no sentido de ser desenvolvido independentemente da atenção à identidade de Deus que é promulgada em sua repetição tripla de si mesmo na economia da salvação como Pai, Filho e Espírito. Assim, como Pai, Deus é aquele que deseja e propõe desde toda a eternidade a separação da humanidade como um povo santo destinado à comunhão consigo mesmo. Como Filho, Deus é aquele que conquista a separação da humanidade ao resgatá-la de sua contaminação e escravidão à impiedade. Como Espírito, Deus é aquele que completa ou aperfeiçoa essa separação santificando a humanidade e trazendo-a à comunhão reta com o Deus santo. Somente um relato trinitário da santidade de Deus, tal como esse, pode fazer justiça real ao caráter da santidade divina em seu caráter relacional como aquele que elege, separa e purifica. Com efeito, o que a doutrina da trindade faz nesse contexto é articular como a santidade de Deus é conhecida em seus atos *criador de aliança* e *sustentador de aliança*. Isaías reúne repetidamente as ideias de Deus como o Santo e Deus como Redentor e Salvador (Is 41.14; 43.3; 48.17; 49.7): "o teu Redentor é o Santo de Israel". A santidade de Deus é precisamente aquela que se torna conhecida em sua misericórdia, em sua vinda em socorro de seu povo, no fato de assumir a causa dele, no seu carregar os pecados dele, na sua purificação deles e na sua vinculação com eles em relação à sua própria vida. Tudo isso, em resumo, é o que significa a declaração: Como Pai, Filho e Espírito, Deus é o Santo em nosso meio, estabelecendo, mantendo e aperfeiçoando a comunhão reta com o povo santo de Deus. Isso é o que pode ser denominado santidade divina "positiva" – santidade em seu aspecto santificador.

É dentro desse contexto que podemos proceder mais adequedamente para discutir o que pode ser denominado santidade "negativa", isto é, santidade como uma pureza que é destrutiva para a maldade. A santidade de Deus é o propósito indesviável com o qual Deus garante que sua vontade para a humanidade não seja estragada pela maldade. Como o Santo, o Deus triúno está trabalhando para garantir que o fim da criatura humana – o que chamamos de "comunhão reta com Deus" – será alcançado, e o pecado não poderá levar à ruína e à destruição da criatura . A santidade de Deus é, portanto, inseparável de sua fidelidade à aliança – sua determinação invencível de que a criatura florescerá e alcançará seu fim. Parte dessa determinação é a oposição da santidade de Deus àquilo que é profano. O profano é aquilo que está além da vontade de Deus. O profano é o caso absurdo em que a criatura procura ser criatura de uma forma diferente daquela que é nos propósitos de Deus; é, portanto, um modo pelo qual a criatura – precisamente tentando deixar de ser criatura e criar a si mesma – procura destruir-se. A essa impiedade a santidade de Deus se opõe implacavelmente. Mas não podemos isolar esse momento de oposição; não podemos extraí-lo do âmbito mais amplo das relações de Deus com a humanidade e torná-lo o único aspecto da paisagem. Fazer isso seria perder o ponto real da discussão sobre a santidade de Deus, transformando-a em algum princípio teórico ou abstrato que permanece em oposição à impiedade, e fracassar em enxergar o verdadeiro fim desse aspecto negativo da santidade de Deus. Pensar na santidade de Deus nesses termos seria deixar de traçar a história da santidade em relação. Nessa história, a santidade de Deus se apresenta como a vontade justa do Pai para a criatura, vontade que é corporificada na obra do Filho de carregar o pecado e reconciliar, e estendida a nós na consagração dos reconciliados pelo Espírito. E é por essa história – não por quaisquer conceitos gerais e impessoais de santidade inviolável – que a santa razão deve ser instruída em matéria de santidade de Deus. A santidade negativa de Deus é a energia destrutiva da santidade positiva de Deus; é a santidade do Deus triúno que – precisamente porque deseja sustentar a criatura – deve obliterar tudo o que impede a vida da criatura com Deus. A santidade de Deus destrói a maldade pela mesma razão que nós, seres humanos, destruímos as doenças: porque ataca o florescimento da criatura e se opõe ao nosso bem-estar. E como o fim da erradicação da doença é a saúde, o fim da erradicação da impiedade é a consagração da criatura, isto é, a vida saudável da criatura em comunhão reta com Deus.

É nesta conexão que devemos entender, portanto, a ligação entre a santidade de Deus e o ciúme de Deus. "Eu, o Senhor teu Deus, sou um Deus ciumento" (Êx 20.5, ESV). É bastante fácil cair em uma armadilha enquanto a dogmática tenta fazer uma paráfrase conceitual do que está sendo confessado aqui. Falar do ciúme divino pode projetar uma representação idólatra de Deus como uma figura magistral com um considerável senso de sua própria dignidade, alguém cujo amor-próprio é facilmente ferido; ou pode sugerir que Deus é ciumento como uma criança obstinada, procurando possuir e controlar o mundo inteiro. Mas o ciúme de Deus não é esse, porque é o ciúme da santíssima Trindade. O ciúme de Deus é certamente o que Brunner chama de "uma autodiferenciação ativa, a energia intencional com a qual Deus afirma e mantém o fato de que ele é Totalmente Outro contra tudo o mais".[39] Mas essa "energia intencional" de Deus não é alguma asseidade fora de seu direcionamento para a causa da criatura. É precisamente a energia da vontade com que Deus se dirige em todas as suas obras e caminhos para nós. O ciúme do Deus triúno é o seu propósito. É seu recusar-se em negociar o bem da criatura permitindo que a própria criatura estabeleça os termos em que viverá. Certamente, o ciúme de Deus é a oposição feroz de Deus a tudo que contraria a vontade de Deus; como o Deus ciumento, Deus vence, e ninguém pode ficar em seu caminho. Mas esse ciúme santo, precisamente, em sua oposição a nossa maldade e destruição dela, é o que garante nosso florescimento. Ezequiel explica assim: "Restaurarei a sorte de Jacó e terei misericórdia de toda a casa de Israel; e terei ciúme do meu santo nome" (Ez 39.25, RSV). O ciúme de Deus é sua santidade em sua obra de restauração e misericórdia, conforme somos limpos pelo sangue de Jesus (1Jo 1.7) e santificados pela lavagem da regeneração e renovados no Espírito Santo (Tt 3.5). Só porque "a santidade de Deus é sua pura alteridade, sua diferença absoluta de tudo o mais [...] ela se expressa [...] positivamente em seu estabelecimento da bondade da criatura que é diferente dele".[40]

---

39 Brunner, *The Christian doctrine of God: dogmatics*, vol. 1, p. 160.
40 Gunton, *The Christian faith*, p. 49. É uma fraqueza fundamental do argumento de J. Armstrong em *The idea of holiness and the humane response* (London: Allen & Unwin, 1981) que falha em discernir o vínculo entre santidade e manutenção da causa da criatura; esse fracasso leva à alegação de que, na tradição bíblica,

Podemos amarrar essas coisas juntas, dando uma declaração trinitária mais explícita do que foi sugerido até agora sobre a inseparabilidade da Trindade, da santidade e da aliança. A santíssima Trindade se dá a conhecer na obra de redenção e consagração de um povo santo. O Deus santo é Deus *conosco*, Deus *por nós*. Em termos trinitários, isso se expressa mais ou menos assim: Deus, o santo Pai, é aquele que deseja um povo para si. A santidade do Pai é, portanto, a sua obra de propor um povo para si, de assegurar desde toda a eternidade que o que Israel e a igreja significam será estabelecido, a saber, criaturas em comunhão com Deus. O Deus e Pai de nosso Senhor Jesus Cristo, Efésios nos diz, "nos escolheu, nele, antes da fundação do mundo, para sermos santos e irrepreensíveis perante ele" (Ef 1.4). Deus, o Filho santo, é aquele que condescende em se voltar para o mundo em graça como seu salvador e redentor. A santidade do Filho é, portanto, sua obra de resgatar aqueles a quem o Pai deseja para comunhão consigo mesmo. É a amizade misericordiosa com a qual ele vem em socorro da humanidade enferma, pecadora e contaminada. É a comunhão santa na qual ele toma nosso lugar, carrega o fardo de nossos pecados e nos liberta de sua contaminação. Como Filho, o Deus santo encarna a sua misericórdia, redimindo Israel e a igreja, e, neles, a humanidade, da ameaça do pecado, refazendo o que 1Pedro chama de "nação santa, povo exclusivo de Deus" (1Pe 2.9, NVI). A obra do Filho é, portanto, reconciliar-nos e apresentar-nos "santos, inculpáveis e

encontramos "santidade como poder centralizado absoluto" (p. 15) – o que Armstrong denomina "sacralismo" – e de que "licenças de santidade totalmente desenvolvidas, sem exigências, [é] santo genocídio" (p. 94). Há uma questão séria subjacente aos absurdos exegéticos e históricos do livro, mas sua tendenciosidade simplesmente obscurece sua força.

irrepreensíveis" diante do Pai (Cl 1.22). Deus Espírito Santo é quem completa essa obra de santificar e aperfeiçoar a criatura, ligando a vida da criatura à de Cristo e, assim, realizando *na* criatura o que foi alcançado *para* a criatura. A santidade do Espírito é assim conhecida em sua obra de santificação. Como Paulo coloca em 1Coríntios: "vocês foram lavados, foram santificados [...] no nome do Senhor Jesus Cristo e no Espírito de nosso Deus" (1Co 6.11, NVI). Quem, então, é o Deus santo? Para a confissão cristã, ele é este: o três vezes Santo, adorado no Apocalipse e nas orações da igreja assim:

> Santo, santo, santo é o Senhor Deus todo-poderoso, que era, que é e que há de vir! (Ap 4.8, NVI)

A teologia como exercício da razão santa é uma paráfrase desse grito de louvor.

Essa paráfrase não pode ser concluída, no entanto, sem reflexão sobre a obra de Deus nas criaturas que dão voz à santidade de Deus. Para completar esse relato trinitário da santidade de Deus, seguiremos o movimento da comunicação da santidade de Deus para a comunhão dos santos, tanto em sua vida comum quanto em suas vidas individuais. "É adequado", diz Jonathan Edwards, que, "uma vez que existe uma fonte infinita de santidade, excelência moral e beleza, então ela deve fluir em santidade comunicada".[41] Para esse assunto elevado, nos devotaremos no próximo capítulo.

---

41 Jonathan Edwards, *Dissertation I. Concerning the end for which God created the world* [edição em português]: *O fim para o qual Deus criou o mundo* (São Paulo: Mundo Cristão, 2019]), em: *Works* (New Haven: Yale University Press, 1989), vol. 8: Ethical writings, p. 433.

# Capítulo 3
# A santidade da igreja

## I

O capítulo anterior esboçou um relato de uma dogmática trinitária da santidade de Deus. O ponto central do argumento era a afirmação de que a santidade de Deus é um modo de sua relação com sua criação: a santidade da santíssima Trindade se torna conhecida quando Deus fala seu santo nome e, em liberdade majestosa, realiza sua obra como criador, reconciliador e aperfeiçoador. Santidade é uma das maneiras de caracterizar a presença do glorioso Deus triúno, criador e sustentador da aliança. Por isso — porque a santidade é conhecida no movimento de Deus em nossa direção como o Pai criador, como o Filho reconciliador, que é por nós mesmo quando, em sua justiça, se opõe ao nosso pecado, e como o Espírito santificador — um relato da santidade de Deus é incompleto se não atentarmos para as criaturas diante das quais Deus está presente de modo santificador. É uma regra fundamental da teologia cristã que uma doutrina de Deus que é *apenas* uma doutrina de Deus não seja uma doutrina cristã de Deus. A tarefa de articular uma doutrina cristã de Deus, porque é uma doutrina da santíssima Trindade tornada conhecida em livre majestade na economia da criação, reconciliação e perfeição, não se acaba quando se fala de Deus em si (*in se*); pois Deus é essencialmente, nas profundezas de seu ser triúno, Deus por nós e Deus conosco, aquele cuja misericórdia evoca o milagre da comunhão da humanidade com ele próprio. Há sempre um tema duplo na teologia cristã; uma duplicidade em todo o seu conteúdo, que corresponde à identidade de asseidade e autodoação na vida da santíssima Trindade.

No que diz respeito a oferecer um relato dogmático da santidade de Deus, isso significa que ao tratamento da santidade de Deus pertence necessariamente o tratamento da santidade dos santos, isto é, a igreja, como o *sanctorum communio*, e o cristão individual, que é um "santo em Cristo Jesus" (Fl 4.21). As próximas duas sessões serão dedicadas a uma descrição desse tema, olhando primeiro para a igreja como a comunhão dos santos e depois para a vida de santificação do crente.

## II

Inicialmente, no entanto, precisamos fazer uma pergunta que, à primeira vista, parece puramente formal ou processual, mas que na verdade nos leva rapidamente ao cerne de algumas questões substanciais centrais. São elas: Como passamos da doutrina de Deus para a doutrina da igreja? Precisamente de que maneira a teologia propriamente dita e a eclesiologia se relacionam? O fato de que tal relação existe, e de que é constitutiva para o discurso teológico sobre a natureza da igreja, é o fardo de uma boa parte da teologia trinitária recente.

Especialmente aqueles estilos de pensamento trinitário social que enfatizam que a santíssima Trindade deve ser concebida como uma sociedade de pessoas não apenas constituída por suas relações pessoais, mas transbordando em relações graciosas com a comunidade humana da igreja. A desenvoltura do trinitarismo social para nossa compreensão da vida humana comum, tanto politicamente quanto na igreja, tem sido um assunto de muita ênfase. A relação entre Pai, Filho e Espírito é exibida como base ou modelo para a igreja, e a igreja é, portanto, concebida como a realização da vocação humana para a sociedade no tempo, e, desse modo, como a extensão social da reconciliação por meio de sua participação graciosa na vida triúna de Deus. Muito pode ser dito em resposta a esse aspecto das teologias trinitárias sociais, mas, para nossos propósitos, duas hesitações iniciais podem ser registradas.

A primeira é que esses relatos da vida da igreja como uma participação no relacionamento de Deus ou uma imagem dela, de modo característico, não dão atenção suficiente à livre majestade de Deus. O caráter gracioso ou milagroso da igreja, sua diferença absoluta em contraste com a obra perfeita de Deus que traz a igreja à existência, é frequentemente comprometido em alguma medida pela maneira fácil e não problemática como a linguagem da participação é frequentemente empregada. O elenco hegeliano de grande parte da eclesiologia moderna está muito em evidência e encontra pouca resistência daqueles que intercalam a eclesiologia e a doutrina de Deus.

Uma segunda hesitação relacionada diz respeito à maneira pela qual esses relatos da relação da igreja com a vida triúna de Deus revelam uma tendência para a imanência divina.

Isso pode ser visto na maneira pela qual tais eclesiologias enfatizam caracteristicamente a continuidade entre a ação de Deus e a ação da igreja, de uma maneira que pode facilmente comprometer nosso senso de liberdade e perfeição da obra de Deus. Essas eclesiologias podem colocar ênfase excessiva na igreja como agente e, correspondentemente, subestimar a passividade que está no coração da igreja como uma criatura da graça divina. Pois, se o ser da igreja é uma participação na vida da triúna sociedade divina, então, é na obra da igreja que a obra do Deus triúno encontra sua realização e, em um sentido importante, sua continuação. Com efeito, isso constitui uma orientação eclesiológica que torna o trabalho da igreja uma atualização da presença e ação divinas ou uma participação nelas, em vez de um testemunho dessa presença e ação. Em suma: o repetido *hapax* ("uma vez") de Hebreus 9.26-28 — a singularidade, a absoluta plenitude, perfeição e suficiência da obra do Pai, do Filho e do Espírito — está em certo grau ameaçado quando a igreja é considerada como entrando no movimento da obra divina. Um resultado disso é que a santidade da igreja não é mais totalmente estranha, não é mais o resultado da declaração da Palavra, mas é, em certo sentido, infundida na igreja pela *koinonia* dela com Deus, que é a sua relação pericorética com a santíssima Trindade.

    O relato que quero oferecer aqui da relação entre a doutrina da Trindade e a doutrina da santidade da igreja é de uma constituição completamente diferente. Acima de tudo, porque torna central para a existência e natureza da igreja o milagre da eleição. Onde a linguagem trinitária social da participação enfatiza a continuidade, até mesmo a coincidência, da ação divina e eclesial, a linguagem da eleição chama a atenção para o modo pelo qual a igreja tem seu ser na obra sempre nova da graça divina. A igreja é o que é no dom eterno de seu ser por meio do Cristo ressuscitado e do Espírito Santo que realiza a vontade do Pai ao reunir um povo santo para si. Só assim, quero sugerir, podemos reter a sabedoria de falar da santidade da igreja como uma santidade *alheia*, uma santidade que não pode ser possuída. No entanto, é preciso ter cautela para que, ao contrariar as tendências hegelianas das eclesiologias sociais trinitárias, não tenhamos uma reação exagerada e bifurquemos Deus e a igreja. É, indubitavelmente, verdade que o caráter alheio da igreja – sua diferença absoluta de Deus – pode ser tão acentuado que a eclesiologia resultante é espiritualizada e dualista: espiritualizada, no sentido de que perdemos de vista a igreja como sociedade histórica humana, e dualista, no sentido de que polariza Deus e a comunidade humana e o torna uma realidade puramente transcendente, sem relação com o espaço e o tempo sociais humanos. O contra-ataque a esses perigos, entretanto, não é erodir a distinção entre Deus e a realidade histórica humana da igreja — lidar com os perigos dessa maneira não seria resolver, mas simplesmente repetir o problema. Em vez disso, o contra-ataque mais eficaz é oferecer uma descrição teológica disciplinada da natureza e dos atos da santa igreja: isto é, governar nosso pensamento neste assunto pelo evangelho. A disciplina evangélica exigirá que digamos que a santidade da igreja é real e atual — uma forma perceptível de ser humano comum e de ação — e também que o ser e a ação da igreja são santos apenas à medida que têm em si uma referência primária com a obra e a palavra do Deus santo. A igreja é santa; contudo, não o é em virtude de alguma participação ontológica na santidade divina, mas somente em virtude de seu chamado por Deus, de seu recebimento dos benefícios divinos e de sua obediência de fé. Como sua unidade, sua catolicidade e sua apostolicidade, a santidade da igreja é o que é em virtude de sua absoluta contingência na misericórdia de Deus.

### III

Para expandir isso com mais detalhes, discutiremos, primeiro, os *fundamentos* da santidade da igreja. Na forma proposicional:

> A santidade da igreja está fundamentada na obra da santíssima Trindade ao eleger, reconciliar e aperfeiçoar um povo para se tornar parceiro da aliança de Deus e local da comunhão dos santos.

O que isto significa? Existe uma igreja. Dentro do reino ambíguo do tempo e da sociedade humanas, existe uma assembleia, uma congregação de homens e mulheres que constituem o povo da aliança e a comunhão dos santos. Sua vida comum é o sinal de que existe, de fato, uma resposta humana ao chamado divino; ao divino autoenunciado — "Eu serei o seu Deus" — realmente corresponde uma realidade humana, a reunião do povo de Deus. Mas a existência de tal reunião é totalmente surpreendente. Não se baseia em nenhuma possibilidade humana; de fato, do lado da história humana, não é nada mais do que uma absoluta impossibilidade, pois a comunidade do tempo humano está sob o domínio do pecado e da alienação, lutando com todas as suas forças para se opor a Deus e recusar seu chamado à reconciliação. De modo independente de Deus, a história humana é povoada por aquela companhia sombria, alienada e arruinada chamada "nenhum povo" (1Pe 2.10: *ou laos*; cf. Os 2.23). Mas o ingrediente da confissão do evangelho é a afirmação de que agora existe o fato extraordinário de *laos theou*, povo de Deus. Existe uma forma de vida humana comum que só pode ser descrita como uma nação santa, um povo que pertence a Deus (1Pe 2.9). Que tal povo santo existe e é preservado ao longo do tempo, que não cai de volta na alienação e no ódio, que aqui o pecado é controlado e não é permitido corroer a comunhão humana — tudo isso está inteiramente nas mãos do Deus santo.

Colocado em termos dogmáticos mais formais: toda conversa sobre a santidade da igreja está enraizada na conversa sobre a santidade de Deus. Ele, o santo Três-em-um, o que ele é e o que faz é a base da existência e da resistência da igreja. A linguagem sobre Deus deve ser uma linguagem *operativa* ao falar dos fundamentos da santidade da igreja: ao dar conta de toda a sua história e de todas as suas atividades, incluindo a sua santidade, esta linguagem sobre Deus é de importância crítica. Deus não é apenas a causa inicial da igreja nem seu fim remoto; antes, a igreja é porque Deus é. A igreja é santa porque Deus é santo. E, portanto, a *sanctitas ecclesiae* é, no fundo, *sanctitas passiva*, uma questão de confiança na convicção da fé e referência à obra do Deus triúno:

> No que diz respeito à sua santidade, a comunidade está ligada a [Cristo] [...] apenas à medida que ele constantemente deseja ligar-se e de fato se liga a ela. Ele é sempre

o Sujeito, o Senhor, o Doador da santidade de sua ação. Sua ação como tal só pode ser uma busca, um pedido de santidade, uma oração por ela.¹

Por que é que, podemos perguntar, o Deus *triúno* é a base da santidade da igreja? Em resposta, podemos fazer uma pequena pausa para olhar a elaboração deste ponto naquela declaração magistral de teologia prototrinitária, a Carta aos Efésios.² Lá, a santidade da igreja está alicerçada, em primeiro lugar, na atividade de eleição do Pai. "Bendito o Deus e Pai de nosso Senhor Jesus Cristo, que nos tem abençoado com toda sorte de bênção espiritual [...] assim como nos escolheu, nele, antes da fundação do mundo, para sermos santos e irrepreensíveis perante ele" (Ef 1.3,4). Vista no contexto do escopo geral do primeiro capítulo da carta, essa declaração nesses primeiros versículos pode ser entendida como expressão de uma afirmação dupla: que a base da santidade é a eleição e que o objetivo da eleição é a santidade. Se existe um reino humano de santidade, se a santidade tem uma forma humana e social duradoura, então essa forma deve ser rastreada até sua fonte geradora na atividade de eleição do Deus e Pai de nosso Senhor Jesus, condensada em uma única palavra: *exelexato* — ele escolheu. Mas, ao lado disso: se há uma eleição da graça, então não é um mero movimento divino fechado em si mesmo, mas uma força motriz na história humana, que tem como seu

---

1 K. Barth, *Church dogmatics* (Edinburgh: T&T Clark, 1956), vol. IV/1, p. 693. Cf. H. Kung, *The church* (London: Search Press, 1968), p. 325-6.
2 Estou muito menos disposto a ver a identidade eclesial como o tema central de Efésios – e muito mais disposto a encontrar uma teologia subjacente da graça – do que dr. Ford em seu relato da carta em *Self and salvation: being transformed* (Cambridge: Cambridge University Press, 1999), p. 107-36.

*telos* a recriação de um povo santo de Deus, ligado a ele como o eco e o testemunho de sua própria santidade. A eleição e a santificação, em outras palavras, estão inseparavelmente ligadas.[3] Como Calvino coloca: "A eleição eterna de Deus é o fundamento e a primeira causa de nosso chamado e de todos os benefícios que recebemos de Deus [...] santidade, inocência, e todas as virtudes nos homens são fruto da eleição [...] toda a nossa santidade e inocência de vida fluem da eleição de Deus".[4] E, embora o "desígnio principal" da eleição seja "a glória de Deus", há para Calvino, no entanto, um imediato ou subordinado desígnio importante da atividade de eleição do Pai, a saber, "nossa santificação".[5]

Já começa a surgir uma consequência importante para a nossa compreensão da santidade da igreja. A dinâmica da santidade da igreja não é aquela de separação e associação naturais, mas de eleição, segregação e reunião por Deus. O povo santo de Deus é uma forma de vida comum que deve sua origem a uma decisão e a um ato além de si mesmo, totalmente gratuito, excluindo de consideração "tudo o que os homens têm de si".[6] A comunidade santificada não é uma reunião autônoma nem em sua origem nem em sua continuação; ela é — em cada momento de sua existência — uma criatura da graça. A dinâmica de sua vida não é, portanto, de forma alguma, autogerada. Deus separa a igreja. A igreja não se separa, pois não

---

3 Veja Colossenses 3.12 e 1Pedro 1.2.
4 John Calvin, *The epistles of Paul the Apostle to the Galatians, Ephesians, Philippians and Colossians* (Edinburgh: Oliver & Boyd, 1965), p. 124-5 [edição em português: João Calvino, *Gálatas, Efésios, Filipenses e Colossenses*. Série Comentários Bíblicos (São José dos Campos: Fiel, 2010)].
5 Ibidem, p. 125.
6 Idem.

tem mandato nem competência para assim fazê-lo. Na verdade, tentar fazer isso é blasfêmia, pois é tentar repetir, por uma ação humana, a obra de eleição que é somente de Deus. A santidade da igreja é o resultado da decisão divina, não de quaisquer atos humanos a fim de separar um grupo "puro" de um "impuro". A esse respeito, a verdadeira santidade da igreja é muito diferente, na verdade, do sectarismo social puramente humano, e as leituras das igrejas da era do Novo Testamento ou do cristianismo contemporâneo que veem a santidade meramente como uma quantidade sociológica ou etnográfica erram o alvo.[7] Só Deus é propriamente santo; somente Deus pode eleger a igreja; apenas uma igreja eleita é santificada. A santidade da igreja baseia-se, portanto, na eleição de Deus Pai.

Em segundo lugar, a santidade da igreja, que é o objetivo ou "desígnio subordinado" da eleição, é estabelecida na obra de reconciliação do Filho, que purificou a igreja para que ela pudesse ser santa. "Cristo amou a igreja e a si mesmo se entregou por ela, para que a santificasse, tendo-a purificado por meio da lavagem de água pela palavra, para a apresentar a si mesmo igreja gloriosa, sem mácula, nem ruga, nem coisa semelhante, porém santa e sem defeito" (Ef 5.25-27; veja também 1Co 1.2; Fp 1.1). A vontade do Pai, já nos foi dito em Efésios 1, é efetuada no Filho que "estabeleceu" (Ef 1.9, NVI) o propósito do Pai. Se perguntarmos como o propósito santificador do Pai é efetuado no Filho, Efésios nos dá uma série de conceitos: redenção (Ef 1.7); perdão das ofensas (Ef 1.7); sendo trazido para perto (Ef 2.13); sacrifício (Ef 5.2) e, próximo ao

---

7 Veja, para apenas um exemplo, W. Meeks, *The first urban Christians: the social world of the apostle Paul* (New Haven: Yale University Press, 1983), p. 74-110, no qual o caráter escatológico da eleição para a santidade é completamente imanentizado.

final de Efésios 5, purificação (Ef 5.26). Aqui, a metáfora da limpeza recapitula toda a obra salvadora de Cristo: a obra objetiva de Jesus Cristo em sua morte e ressurreição, que é o ato divino de derrotar o pecado e pôr fim à poluição da humanidade; e a obra de aplicação de Jesus Cristo pelo "lavar da água com a palavra", isto é, no batismo e na palavra de promessa do evangelho. Essa obra, aliás, é teleológica — única, irrepetível, incompartilhável, mas, no entanto, uma obra que evoca uma trajetória humana, uma forma social. O batismo, observa Calvino, tem um "objetivo"; e o objetivo é duplo: separação ou o que podemos chamar de "santificação passiva" (da qual o sinal externo é o batismo, como a confirmação visível da promessa de Deus) e "santificação ativa", pois o fim do batismo é "para que possamos viver santos e irrepreensíveis para Deus".[8]

Em terceiro lugar, a santidade da igreja, que é o objetivo da eleição e que é estabelecida na obra reconciliadora do Filho, é aperfeiçoada pelo Espírito Santo. Por meio da obra do Espírito, a igreja, eleita e purificada, é transformada em uma morada de Deus: a igreja "bem-ajustad[a], cresce para santuário dedicado ao Senhor, no qual também vós juntamente estais sendo edificados para habitação de Deus no Espírito" (Ef 2.21,22). A obra do Espírito é "aperfeiçoar", isto é, levar à conclusão ou plena realização a realidade que é desejada na eleição e estabelecida na reconciliação. O Espírito é o próprio Deus consumando o desígnio da reconciliação, cujo objetivo é que haja comunhão de aliança entre ele e as criaturas que ele fez e redimiu, atraindo-as para a relação consigo mesmo. A linguagem aqui – "reconciliação", "comunhão", "relação" –

---

8 John Calvin, *Galatians, Ephesians, Philippians and Colossians*, p. 207.

é deliberada: não é a linguagem da participação. "No Senhor" e "no Espírito" não significa união do ser entre Deus e a igreja. Sua referência não é à comunhão ontológica, mas à soteriologia e seus frutos; eles indicam a agência divina salvadora que cria e recria a comunhão entre Deus e suas criaturas, antecipada na igreja que é o "lugar da habitação" de Deus, ou seja, uma forma de vida comum na qual a restauração da aliança está em ação. O *telos* da obra do Filho está acabando com a alienação (Ef 2.12), derrubando o muro de hostilidade tanto dentro do reino humano (entre judeus e gentios) quanto verticalmente, pela reconciliação com Deus (Ef 2.16). Essa obra de reconciliação é apontada para sua conclusão — embora, é claro, não concluída aqui e agora — pelo Espírito, que não apenas efetua uma relação renovada com Deus Pai (Ef 2.18: "ambos temos acesso em um Espírito para o Pai"), mas também renova a comunhão humana, tornando-nos concidadãos com os santos (Ef 2.19). Crucialmente, a conclusão da obra de santificação da igreja não é um empreendimento da própria igreja. A repetição de "no Espírito" no final de Efésios 2, diz Calvino, é parcialmente "para lembrá-los de que todos os poderes humanos são inúteis sem a operação do Espírito".[9] Em suma: Se existe um povo da aliança e uma comunhão dos santos — se a vontade do Pai de habitar com a humanidade está concretizada, se a obra reconciliadora do Filho está realizada na vida humana e na história em um corpo ou uma forma de vida comum — então é porque a igreja existe "no Espírito", pela agência do Espírito e pela sempre renovada vinda do Espírito, no reino da transformação em que o Espírito é Senhor.

---

9 Ibidem, p. 156.

A santidade da igreja | 87

Até agora, então, sugeri que a base da santidade da igreja é a obra salvadora da santíssima Trindade. A santidade da igreja é, portanto, uma santidade *alheia*. Porque a igreja é santa pela graça, e porque a graça é um movimento de relação, e não uma mera entrega de uma mercadoria, então, no caso da igreja, a atribuição de santidade não é uma questão de concessão direta de uma propriedade. A santidade de Deus é própria dele; na verdade, a santidade de Deus é ele, pois ele é originalmente santo. A santidade da igreja, ao contrário, não é uma condição natural ou cultural. Como acontece com todos os predicados da igreja, a igreja é o que é *espiritualmente*, isto é, em virtude da presença e ação do Deus triúno. Esta é uma aplicação em matéria de santidade da grande regra ontológica para a igreja que é anunciada em Efésios 2.8-10: "Porque pela graça sois salvos, mediante a fé; e isto não vem de vós; é dom de Deus; não de obras, para que ninguém se glorie. Pois somos feitura dele, criados em Cristo Jesus para boas obras, as quais Deus de antemão preparou para que andássemos nelas". Temos aí, em breve compasso, o que precisa ser dito sobre a ontologia da igreja. A igreja é o que é pela graça. Isso acarreta uma negação de que a agência no coração da igreja é a espontaneidade da própria igreja: "... isto não vem de vós [...] não de obras...". E implica uma afirmação de que a agência no coração da igreja é de Deus, pois a igreja é "feitura dele [Deus], criad[a] em Cristo Jesus". Há, portanto, uma passividade adequada para o ser da igreja, pois a *fé* — isto é, o reconhecimento, o assentimento e a confiança na palavra e obra de Deus —, e não a vanglória — isto é, basear-se em si mesmo, competência orgulhosa —, é o ato fundamental da existência da igreja. Dessa regra ontológica sobre a constituição da santa igreja segue uma regra adicional sobre a ação da santa igreja: todos os atos da santa igreja devem demonstrar uma referência à obra daquele que é o único santo: o Pai que elege, reconcilia no Filho e aperfeiçoa no Espírito.

Em seguida, portanto, passamos a examinar as *práticas de santidade*. Que forma humana e social é assumida por esta referência à obra do Deus santo? Como a fé e a ausência de vanglória se torna um modo de vida comum? Para responder a isso, passamos para a próxima proposição, que diz:

> A santidade da igreja é visível em todos os seus atos como confissão do nome de Deus, o três vezes Santo, o Senhor dos Exércitos.

## IV

Ao olharmos para a base da santidade da igreja, nosso pensamento foi guiado diretamente para um texto bíblico. Ao olharmos para a questão das práticas de santidade, nosso pensamento pode ser proveitosamente instruído por um texto não bíblico de grande antiguidade e persistência na tradição do culto da igreja, a saber, o antigo hino cristão geralmente intitulado *Te Deum Laudamus* [A ti, Deus, louvamos]. Esse hino é às vezes chamado de "Cântico de Ambrósio e Agostinho", da lenda de que, no batismo de Agostinho por Ambrósio, o hino foi improvisado e cantado alternadamente pelos dois santos. Provavelmente de origem do final do século quarto, ele encontrou seu caminho na liturgia ocidental como um cântico do final do ofício noturno, e foi incorporado às vigílias (*matins*) no *Sarum Breviary* [Breviário ou Uso Sarum] e, daí, ao *Livro* de *oração comum* na Reforma Anglicana, onde permanece como um dos pequenos tesouros do culto público anglicano. A letra do cântico é assim:

Louvamos-te, Deus, confessamos-te Senhor.
Toda a terra te venera, Pai eterno.
A ti todos os anjos, a ti o céu e todas as potestades,
a ti os querubins e serafins, com voz incessável, proclamam:
"Santo, Santo, Santo [é] o Senhor Deus dos Exércitos.
Céus e terra estão cheios da majestade da tua glória."
O coro glorioso dos apóstolos,
a harmonia de louvor dos profetas,
o exército dos mártires em brancas vestes te louva.
Em toda a terra a tua santa igreja te confessa
o Pai de imensa majestade:
digno de veneração [é] teu verdadeiro e único Filho;
e também o Paráclito, [o] Espírito Santo.

Tu [és] [o] Rei da glória, ó Cristo.
Tu és [o] Filho sempiterno do Pai.
Tu, para livrar o homem, a quem hás de receber,
não tiveste horror do útero da Virgem.
Tu, que venceste o aguilhão da morte,
abriste aos crentes os reinos dos céus.
Tu te assentas à direita de Deus, na glória do Pai,
crê-se em ti, Juiz que havia de vir.

Assim, pedimos-te: acode os teus servos
que remiste com sangue precioso.

> Faze com que sejam contados com os teus santos na eterna glória.
>
> Salva teu povo, e abençoa tua herança.
>
> E dirige-os e levanta-os por toda a eternidade.
>
> Ao longo de cada dia te bendizemos;
>
> E louvamos o teu Nome neste século e no século do século.
>
> Condescende, Senhor, guardar-nos sem pecado neste dia.
>
> Tem misericórdia de nós, Senhor. Tem misericórdia de nós.
>
> Faça-se [a] tua misericórdia, Senhor, sobre nós
>
> do mesmo modo como esperamos em Ti.
>
> Em ti, Senhor, esperei: não serei confundido na eternidade.[10]

É um texto elevado para o louvor do Deus todo-poderoso, especialmente naqueles gloriosos vocativos latinos repetidos (*Te...*) no início das linhas (infelizmente, perdidos [em algumas linhas] na tradução em nossa língua), que impulsionam o adorador em direção à suprema grandeza de Deus, o "Tu" que é o centro do louvor cristão. O hino divide-se em três partes: um ato de homenagem à santíssima Trindade; um recital da obra salvadora de Cristo; e um conjunto de orações a Cristo, pedindo que ele venha em auxílio de seu povo. No seu centro, encontramos isto dito sobre a obra da santa igreja:

> Em toda a terra a tua santa igreja te confessa
>
> o Pai de imensa majestade:
>
> digno de veneração [é] teu verdadeiro e único Filho;
>
> e também o Paráclito, [o] Espírito Santo.

---

10 N. R.: Tradução literal do texto latino disponível em: https://pt.wikipedia.org/wiki/Te_Deum, acesso em: 20 mai 2021.

É este ato — o ato de reconhecer ou, talvez melhor, de confessar (*confiteor*) o Deus santo, esse eco do clamor incessante dos querubins e serafins — que, eu sugiro, é o ato fundamental da santa igreja. Nesse ato se manifesta o caráter fundamental da santidade da igreja, pois, no ato da confissão, a igreja se junta aos profetas e apóstolos e mártires, todos aqueles cujas vidas foram transfiguradas pelo chamado divino, e se torna aquele grupo humano que é santo em sua confissão deste: o Senhor Deus dos Exércitos.

Para expandir nossas reflexões sobre isso, abordamos três questões:

(1) O que há na confissão ou no reconhecimento que se torna básico para a santidade da igreja?
(2) O que a santa igreja reconhece ao fazer sua confissão do Deus triúno?
(3) Em que práticas de confissão a santidade da igreja é visível?

(1) *O que há na confissão ou no reconhecimento que se torna básico para a santidade da igreja?* "Louvamos-te, Deus, confessamos-te Senhor. [...] Em toda a terra a tua santa igreja te confessa...". Confissão é *reconhecimento*. É uma ação na qual o valor, a dignidade e a bondade daquele que é diferente da igreja está de acordo com o reconhecimento de que é supremamente merecedor. Na confissão, a igreja simplesmente concorda com a realidade de Deus, expressando seu "amém" ao ser e às obras manifestos de Deus: "Bendito seja o Senhor para sempre! Amém e amém!" (Sl 89.52). A confissão, neste sentido, não é uma atividade isolada ou discreta na existência da

igreja. Em vez disso, em todo o seu ser e em todas as suas atividades, a igreja representa a estrutura básica da confissão — ela celebra em tudo o que é e faz o fato de que é criatura da misericórdia de Deus. Por causa disso, a santidade da igreja também é, em seu cerne, uma confissão. A santidade, como vimos, não é uma propriedade estática da igreja, mas um movimento ou evento. Esse movimento, a história que chamamos de santidade da igreja, é um movimento duplo, ou, talvez melhor, um comércio entre duas realidades desiguais. A história da santidade da igreja inclui como primeiro e principal movimento a condescendência do Deus santo que misericordiosamente elege, reúne e consagra a *communio sanctorum*. E inclui como movimento secundário e derivado a congregação dos santos, evocada pela misericórdia de Deus, entre os quais e por quem se confessa a santidade do Pai, do Filho e do Espírito. A santidade da igreja – novamente como sua unidade, catolicidade e apostolicidade – ocorre como parte dessa história de graça e confissão. A igreja é santa, isto é, como clama a Deus: "Santo, Santo, Santo [é] o Senhor Deus dos Exércitos".

Esse reconhecimento origina-se, é claro, do próprio Deus. A igreja não pode confessar a menos que Deus abra sua boca. A confissão surge, não na igreja, mas na manifestação de Deus de si mesmo como o Santo, na presença comunicativa de Deus como revelador. A revelação é promulgada e declarada a salvação, a mão visível da santa e misericordiosa Trindade. E a revelação gera a comunhão dos santos, a reunião dos chamados à santidade em comunhão com o Pai da eternidade, o Filho eterno e o Espírito da consolação. Só com base nesta vocação e capacitação divina é que o povo de Deus pode dizer: *Te Deum laudamus*.

(2) *O que a santa igreja reconhece ao fazer sua confissão do Deus triúno?* A santa igreja reconhece Deus. O Deus que é reconhecido dessa forma é o sujeito ativo da obra da salvação. Ele é o Pai de infinita majestade; o verdadeiro e único Filho, digno de toda adoração; o Espírito Santo, o Consolador — o Três-em-um manifesto na obra divina de libertar a humanidade da escravidão do pecado. E a igreja cumpre o objetivo de sua consagração por Deus ao confessar essa obra. Ao fazer isso, junta-se à adoração que toda a criação oferece; portanto, no *Te Deum*, oferecemos uma série de declarações que ascendem da terra ao trono celestial de Deus: "Toda a terra te venera [...] A ti todos os anjos [...] os céu e todas as potestades [...] os querubins e serafins, com voz incessável, proclamam" — todos esses louvores separados se combinam no grande clamor confessional (bem como teológico e metafísico): "Céus e a terra estão cheios da majestade da tua glória".

Um pouco mais detalhadamente: a santa igreja reconhece o *Pai* de infinita majestade. A majestade de Deus como Pai é a eminência suprema de seu ser, vontade e obras, uma majestade que é ilimitada em extensão, incontável, sem medida ou circunspecção, sempre e em todos os lugares totalmente repleta. Essa infinita majestade não é um atributo isolado; é, antes, uma propriedade da essência divina que caracteriza tudo o que Deus é. E, assim, a santidade de Deus também é inseparável de sua majestade; e é por isso que a santa igreja invoca o Pai da infinita majestade, clamando: "Santo".

A santa igreja reconhece o verdadeiro e único *Filho*, digno de toda adoração. O *Te Deum* em sua totalidade é caracterizado por uma cristologia exaltada, especialmente em sua recitação da obra de condescendência e exaltação do

Filho, de modo que ao longo de todo o hino sobressaem as palavras do início da segunda seção: *Tu rex gloriae Christe*. Aqui, na afirmação da santíssima Trindade como objeto de louvor da igreja, o foco está na pessoa que realiza e se manifesta nessa obra. Este é confessado como *verdadeiramente* o Filho de Deus – não Filho por adoção, em nenhum sentido um anexo à vida de Deus, mas ele mesmo ingrediente dentro da identidade divina – *vere Deus* [verdadeiramente Deus] – de um ser com o Pai e o Espírito. Ele é o único Filho de Deus – o unigênito, totalmente diferente de qualquer criatura, tendo uma origem eterna, "[o] sempiterno Filho do Pai", e, portanto, não *feito*. E, sendo tudo isso, ele é, portanto, "digno de veneração" (*venerandus*), pois ele compartilha da dignidade e da glória da divindade, e é apropriadamente o objeto da devoção do céu e da terra.

Essa glória eterna do Filho é estabelecida no cumprimento da missão do Filho no tempo. "Glória" e "missão" – a majestade eterna e transcendente do Filho e seu cumprimento, na história das criaturas, da vontade do Pai das criaturas – são estritamente correlativos. O Filho é, na confissão da santa igreja, o rei da glória, o Filho eterno do Pai; e é *por ser* ele (e não *apesar* do fato de ser ele) que ele liberta a humanidade do pecado para a santidade. Ele se submete a realizar essa obra de libertação, assumindo sobre si sua ignomínia, não se esquivando de nascer de mulher, e é traspassado pelo aguilhão da morte. E justamente porque ele faz tudo isso, sua obra é uma obra de *superação*: nela, ele abre o reino de Deus; tendo feito isso, ele está sentado à direita do Pai na glória, de onde é esperado como juiz de todas as coisas.

A santa igreja reconhece o *Espírito Santo*, o Consolador. O Espírito só entra na recitação do objeto de louvor da igreja no final, e seria fácil ver isso como um minimalismo pneumatológico tipicamente ocidental. No entanto, a referência ao Espírito não é um mero apêndice ou reflexão posterior; ela é essencial para o enunciado completo do alcance da história da salvação que o *Te Deum* celebra. Pois o título "Consolador" ou "Paráclito" reúne em uma palavra o fato de que o Pai e o Filho ainda estariam em alguma medida fora de nós se não fosse pelo fato de que, como Espírito, Deus se compromete a estar presente com seu povo santo para sempre (Jo 14.16,17). O Espírito é enviado pelo Pai em nome do Filho para instruir os santos, dando testemunho de Cristo (Jo 15.26). Na verdade, sem essa terceira referência à obra de aperfeiçoamento do Espírito, os sufrágios na seção final do *Te Deum* ("Assim, pedimos-te: acode os teus servos...") seriam um mero clamor não dirigido, sem esperança segura de qualquer resposta. Deus salvando seu povo, sua bênção de sua herança, seu governo e elevação do povo de Deus, sua manutenção de sua igreja sem pecado, sua preservação dos santos como santos — nada disso seria possível sem a confissão da divindade do Espírito, sem a terceira repetição do clamor: "Santo".

Vamos agora unir esses fios e indicar sua conexão com a santidade da igreja. A igreja é a comunhão dos santos, uma vez que confessa o nome de Deus, o três vezes Santo. O nome de Deus é Deus em sua automanifestação majestosa como Senhor e Salvador, o Santo em nosso meio. Ao pronunciar o seu nome e realizar a sua obra salvífica, ele cria e preserva para si um povo, separado para o seu louvor, consagrado à obra de reconhecer que o nome de Deus é santo, formando assim o modesto acompanhamento humano à confissão dos poderes celestiais: "Santo, Santo, Santo [é] o Senhor Deus dos Exércitos".

(3) *Em que práticas de confissão a santidade da igreja é visível? Qual é a forma histórica e humana da santidade?*

Inicialmente, precisamos investigar o termo "visível" para garantir que o estamos usando da maneira certa. Uma boa parte da eclesiologia moderna dominante (especialmente em suas versões ecumênicas) tem sido fortemente comprometida com a visibilidade da igreja, isto é, com o caráter tangível, histórico e material da igreja como uma sociedade organizada. Correspondendo a este comprometimento, tem havido um consenso de que a noção da *in*visibilidade da igreja pouco tem a recomendá-la, porque sugere uma espiritualização da igreja em puro subjetivismo sem forma social objetiva ou durabilidade. Um resultado é que um grande prêmio é colocado na exterioridade da igreja, na atividade histórica da igreja na qual o ser da igreja é visível. Certamente há uma verdade aqui: a igreja é uma verdadeira assembleia humana, conhecida em seus atos, e sua santidade é, portanto, um fenômeno visível. Mas a questão principal não é *se* a igreja é visível, mas *que tipo de visibilidade* ela possui. A visibilidade da igreja não é simplesmente de uma quantidade natural ou força vital ou presença social; é a visibilidade da igreja "invisível" — o que Barth chamou de "visibilidade muito especial".[11] Ao falar dessa "visibilidade especial", Barth não pretendeu negar que a igreja sempre tem concretização e forma históricas; ele simplesmente procurou afirmar que a igreja tem tal forma visível em virtude da presença e ação de Cristo por meio do Espírito. "Visibilidade" é, portanto, um

---

11 Barth, *Church dogmatics*, vol. IV/1, p. 654.

evento espiritual. É aquilo que só pode ser descrito falando da presença ativa e comunicativa do Deus triúno. Não pode ser convertido em mera forma fenomenal e apenas pode ser totalmente percebido pela fé na palavra e obra de Deus. Há uma consequência imediata disso para falar da santidade da igreja. A santidade do povo santo de Deus é visível não simplesmente como um atributo da igreja com base em suas atividades; dizer isso seria converter a santidade em algo que a própria igreja realizou e, assim, contradizer o testemunho do Novo Testamento de que a santidade está "em Cristo Jesus" (1Co 1.2; Fp 1.1). Em vez disso, a santidade visível é *confessada* pela igreja; e essa confissão não é um reconhecimento de uma propriedade que a igreja possui *em* si, mas um reconhecimento daquilo que é em virtude da obra soberana do Deus triúno.

Nas práticas de santidade da igreja, portanto, a sua ação é totalmente orientada para a ação da santíssima Trindade, na eleição, reunião e consagração. Os atos da igreja não realizam, não completam, não continuam nem, de alguma forma, estendem ou incorporam a obra de Deus, que é perfeita e a única devidamente sagrada. Os atos de santidade da igreja, tendo a sua origem e a sua energia sustentadora em Deus, dão testemunho da obra de Deus, acompanhando-a com o seu testemunho e, em toda a sua fragilidade humana e pecaminosidade, ecoando a obra santa do Deus santo. Como a santa igreja atua para acompanhar e ecoar a obra de Deus? Quatro coisas devem ser ditas.

Primeiro, *a santidade da igreja é visível à medida que ouve novamente a promessa e o mandamento do evangelho*. A santidade ocorre quando a igreja se submete mais uma vez ao julgamento e à consolação do evangelho, à sua promulgação da salvação e à orientação do povo de Deus nos caminhos da santidade. A igreja é santa como igreja que ouve.

Ouvir o evangelho nunca é um trabalho terminado, nunca é algo que a igreja pode deixar para trás. É sempre uma atividade nova e, portanto, a santidade da igreja é sempre um processo de a igreja se tornar santa ao permanecer sob a palavra do evangelho como *promessa* e *mandamento*. Estar debaixo da *promessa* do evangelho significa ouvir a declaração alegre: "Contempla o seu Deus". Ao ouvir assim, a igreja é mais uma vez confrontada com a afirmação do evangelho de que Deus é aquele que vem, aquele que está *conosco* como salvador, renovando e preservando seu povo e cumprindo com autoridade final o compromisso divino: Eu serei o seu Deus. A promessa do evangelho é que "a graça de Deus se manifestou salvadora a todos os homens" (Tt 2.11); essa "manifestação" é idêntica a "nosso grande Deus e Salvador Jesus Cristo" (Tt 2.13), aquele que "a si mesmo se deu por nós, a fim de remir-nos de toda iniquidade e purificar, para si mesmo, um povo exclusivamente seu, zeloso de boas obras" (Tt 2.14). Mas estar debaixo dessa promessa do evangelho já é também estar debaixo do *mandamento* do evangelho: o objetivo da obra de purificação de Deus é o zelo ativo pelas boas obras. Portanto, a igreja também é santa, pois está debaixo do mandamento do evangelho. Como mandamento, o evangelho é a declaração da lei, o modelo ou a direção para a vida do povo santo de Deus. A igreja é santa ao ouvir o apelo do evangelho à obediência, submetendo-se ao julgamento do pecado pelo evangelho e posicionando-se para governar sua vida pelos mandamentos de Deus. Dessa forma, a igreja é santa conforme permanece debaixo da promulgação final do apelo àquela santidade que corresponde ao compromisso divino da eleição: Vós sereis o meu povo. Como, então, a igreja é santa? Pela atenção e submissão ao evangelho como indicativo de eleição e imperativo de obediência.

Segundo, *a santidade da igreja é visível quando ela confessa seu pecado em penitência e fé*. A igreja é consagrada pela resolução do Pai, santa em Cristo e santificada pelo Espírito Santo. Essa santidade não é a perfeição alcançada, mas uma santidade alheia que é a contradição de sua pecaminosidade real. A igreja é santa, não porque já atingiu o estado escatológico de ser "sem mancha ou ruga", mas porque a promessa e o comando do evangelho já invadiram sua vida e a perturbaram, abalando-a até o âmago. A igreja é santa apenas quando é exposta ao julgamento.

Isso significa que, longe de ser uma questão de pureza confiante, a santidade é visível como humilde reconhecimento do pecado e como oração por perdão. "Não há pecador maior do que a igreja cristã", disse Lutero em seu sermão do Dia da Páscoa em 1531.[12] É no arrependimento, e não na suposição de preeminência moral, que a santidade é visível. Assim, a santidade da igreja é inseparável de sua oração (novamente, nas palavras do *Te Deum*): "Tem misericórdia de nós, Senhor. Tem misericórdia de nós". A excelência moral realizada não necessariamente constitui santidade e pode contradizê-la. A santidade é visível como o clamor penitente da fé por perdão e misericórdia, seu apelo a Deus para fazer o que a igreja não

---

12 M. Luther, *Werke*, Weimarer Ausgabe 34/I, 276.7f.; cf. E. Jungel, "The church as sacrament?", em: *Theological essays I* (Edinburgh: T&T Clark, 1999), p. 210, comenta que "Lutero encontrou no reconhecimento da igreja acerca de sua própria pecaminosidade uma prova de sua verdadeira santidade".

pode fazer por si mesma, a saber, manter-se sem pecado e reunir-se na companhia dos santos na glória.

Terceiro, *a santidade da igreja é visível ao dar testemunho ao mundo*. "Vós, porém, sois [...] nação santa [...] a fim de proclamardes..." (1Pe 2.9). A *origem* da santidade da igreja, como vimos, está inteiramente fora de si mesma. As consequências disso são que, em primeiro lugar, ela é manifesta como ouvir a promessa e a ordem do evangelho e, em segundo lugar, seu sinal é a penitência, não a perfeição. Da mesma forma, o *objetivo* da santidade da igreja está além de si mesma. O objetivo supremo da santidade da igreja é a glorificação de Deus na obediência dos santos; seu objetivo intermediário é dar testemunho. Como comunhão dos santos, a igreja declara "as virtudes" daquele que a chamou das trevas para a luz, e assim a consagrou para o seu serviço. Crucialmente, a dinâmica da santidade inclui não apenas reunião e retirada, mas também envio. A santidade dos santos não é uma simples volta-se para dentro; se fosse, logo se tornaria mera hostilidade sectária em relação a um mundo profano. Se esse tipo de dinâmica de afastamento é questionável, não é apenas porque tende a supor que a linha entre o pecado e a santidade alcançada coincide com a linha entre a igreja e o mundo. É também porque as estratégias de retirada quase inevitavelmente transpõem o movimento divino de eleição e consagração para exclusividade social, e assim tornam a santidade da igreja em uma esfera limpa em oposição a um mundo poluído. É precisamente essa transposição da santidade para o tipo errado de visibilidade que é um dos objetos do julgamento implacável de Jesus. A verdadeira dinâmica da santidade visível tem um caráter bastante diferente. Há, inquestionavelmente, uma separação radical, uma "convocação" que efetua a separação da igreja e que torna seus membros uma companhia de "peregrinos e forasteiros". E essa separação é visível como "abstinência", a recusa da igreja em se entregar "às paixões da carne". Mas o fim de tudo isso é "que você possa declarar": a santidade deve ser mantida "entre os gentios" não apenas para evitar a poluição da igreja, mas com o fim de que "eles possam ver suas boas obras e glorificar a Deus" (1Pe 2.12; cf. Mt 5.16; Fp 2.15). A santidade é visível como testemunho, como boas obras que são transparentes e declaram as maravilhosas obras do santo Deus.

Quarto, *a santidade da igreja é visível em sua oração*: "Santificado seja o teu nome!". Se a essência da santidade é a confissão da santíssima Trindade, então o ato primordial no qual a santidade é visível é a oração da igreja para que o nome de Deus seja santificado. Essa oração não é, devemos notar, antes de mais nada, uma oração para que a própria igreja de alguma forma estabeleça a santidade do nome de Deus. Muito pelo contrário: é uma oração para que o próprio Deus santifique o seu próprio nome. Como Barth sugere em sua magistral exposição inacabada da Oração do Senhor, com a qual interrompeu a *Dogmática da igreja*, a petição pode ser parafraseada assim:

> Pai, faças o que só tu podes fazer. Cuide de modo cabal, perfeito e definitivo para que tu e teu nome sejam conhecidos [...] Cuide para que teu nome não seja mais profanado, mas sempre e por todos considerado santo, da maneira que é de fato santo, como teu nome que tu mesmo santificaste.[13]

---
13 K. Barth, *The Christian life* (Grand Rapids: Eerdmans, 1981), p. 115-6.

Além disso, ao fazer essa oração, a santa igreja está, em um sentido importante, olhando para trás — de volta para o "ato divino único e definitivo que sabe já ter ocorrido em Jesus Cristo [...] o ato único e definitivo pelo qual o próprio Deus santifica seu próprio nome. Este foi e já é o fim de todos os caminhos de Deus, o *eschaton*".[14] A oração da igreja, seu clamor confiante de que, a esse respeito, Deus assumirá sua própria causa e demonstrará sua santidade, está, portanto, enraizada na "santificação do nome de Deus pelo próprio Deus".[15] E assim, ao fazer essa oração, a igreja representa o caráter constitutivo de sua santidade, a saber, sua indicação do santo nome de Deus promulgado em seus atos.

No entanto, nessa indicação, a santidade da igreja não é um mero assentimento passivo a um estado de coisas — a santidade de Deus — diante do qual a igreja pode simplesmente sentar-se de mãos postas. Certamente, essa oração é uma oração "por um ato que não pode ser nosso".[16] Contudo, à autossantificação de Deus correspondem os próprios atos da santa igreja de santificar o nome de Deus.

> [Pois] aqueles que realmente pressionam e envolvem Deus com essa petição na expectativa de que ele a atenderá, como pessoas que estão séria e fundamentalmente inquietas e assustadas, pressionam e envolvem a si mesmos também em seu próprio lugar e de sua própria maneira como pessoas, e dentro dos limites de suas próprias capacidades

---

14 Ibidem, p. 163.
15 Idem, p. 163.
16 Idem, p. 157.

e possibilidades humanas. Eles declaram, e dentro de seus limites assumem responsabilidade, que, no assunto sobre o qual oram a Deus, algo será feito de forma correspondente por eles.[17]

Já mencionamos algumas coisas que podem estar envolvidas em tal ação santa: ouvir o evangelho, testemunho e a santificação da razão. Mas envolver e fortalecer todas essas obras será uma obra de louvor. O louvor é o grande ato de rebelião contra o pecado, o grande repúdio à nossa recusa perversa de reconhecer que Deus é o Senhor. Em suma, portanto: a igreja é santa à medida que, dia a dia, engrandece a Deus e adora o seu nome, para sempre e eternamente.

---

17  Idem, p. 169.

# Capítulo 4
# A santidade do cristão

I

Os atributos de Deus são maneiras de falar da identidade do Deus triúno, e assim, como vimos, a santidade de Deus é um atributo triúno, caracterizando sua vida como Pai, Filho e Espírito. A identidade do Deus triúno é promulgada na economia da criação, reconciliação e perfeição, na obra em que Deus está presente de forma criativa, salvadora e comunicativa. A santidade de Deus é, portanto, um atributo relacional, caracterizando o tratamento de Deus para com o que ele fez e redime. Falar da santidade de Deus é resumir o ser e as obras da santa trindade em como Deus elege, redime e completa a comunhão santa entre ele e seu povo. É por isso que uma exposição dogmática da santidade de Deus tem que incluir em seu escopo um discurso sobre a comunicação da santidade. Isso, não no sentido de santidade da criatura como uma participação no ser triúno do Deus santo, nem no sentido de santidade da criatura como uma emanação do divino, mas no sentido do incessante e sempre renovado ato de Deus de conceder santidade à criatura pela consagração da criatura. Santidade comunicada não é santidade transportada ou possuída, mas santidade derivada; e a marca primária da santidade da criatura é, portanto, sua orientação externa, seu ordenamento em direção a Deus como sua fonte e o objeto de seus louvores.

Até agora, em nosso esboço da comunicação de santidade, nos concentramos na vida comum de santidade, no povo de Deus como o *sanctorum communio*. Mas há também uma individualidade própria para a santidade, uma propriedade para dar um relato dogmático da vida pessoal do cristão, o santo em Cristo. Como veremos, isso não pode ser feito de forma que transforme o pessoal ou subjetivo no centro real em torno do qual orbita toda a nossa linguagem da santa igreja e do santo Deus. Seguir esse caminho não apenas subverteria o senso apropriado de que a santidade do cristão individual ocorre dentro da comunhão do povo santo de Deus; isso também ameaçaria colapsar a obra transcendente de eleição, reconciliação e aperfeiçoamento divinos no pequeno mundo do santo individual. Esse tipo de colapso, é claro, aconteceu com bastante frequência na história da prática da piedade e encontra expressão contemporânea em alguns tipos de interesse pela espiritualidade como autossatisfação. No entanto, a regra é válida: *abusus non tollit usum*, o abuso não dispensa o uso adequado. Existe uma legitimidade no evangelho para falar de santidade individual. Para sua exposição, basta uma boa ordem dogmática, na qual a santidade está enraizada em um relato dos caminhos da santíssima Trindade e tem seu contexto na comunhão dos santos. A boa ordem dogmática ajudará a promover a boa ordem pastoral e, assim, inibirá aquela inflamação do interesse próprio que tanto pode afligir a vida de piedade e frustrar o crescimento na santidade. Em resumo: o que é necessário é um relato teológico ordenado do cristão individual como "santificado em Cristo Jesus" (1Co 1.2). Na forma proposicional, tal relato ordenado pode ser resumido assim:

> A santificação do cristão é a obra da santíssima Trindade na qual o pecador reconciliado é renovado para a vida ativa de santa comunhão com Deus. Alicerçada na obra de eleição, reconciliação e aperfeiçoamento do Pai, do Filho e do Espírito, a vida ativa da santa comunhão é a obra da fé, que é, a cada momento, caracterizada pela mortificação e vivificação, e que é real como liberdade, obediência e amor.

## II

Em primeiro lugar, então: *A santificação do cristão é a obra da santíssima Trindade na qual o pecador reconciliado é renovado para a vida ativa de santa comunhão com Deus*. De onde vem o milagre da vida cristã? Como é que o pecado é superado e em seu lugar surge uma nova forma de vida que pode ser chamada de "santa"? Como é que uma vida humana é libertada da inimizade para com Deus, da desobediência e do ódio ao próximo, e é restaurada aos seus fins próprios? Em que se baseia a vida ativa de comunhão santa com Deus? A resposta que devemos dar é simplesmente que a existência e continuação de tal forma de vida e atividade está totalmente baseada na obra santificadora da santíssima Trindade.

A santificação é a obra de eleição do Pai. Dizer isso é dizer que a vida ativa da comunhão santa não se origina de nenhuma decisão ou determinação humana, mas repousa na determinação divina de total gratuidade e liberdade soberana. A santificação é um ingrediente da resolução eterna de Deus e, portanto, o que foi dito da igreja também deve ser dito do cristão individual: "Ele nos escolheu nele [Cristo] antes da fundação do mundo, para que sejamos santos" (Ef 1.4). Ao falar da vida ativa de comunhão santa, não estamos na esfera da decisão humana. Nosso pensamento sobre a santificação seria desordenado se sugeríssemos que, embora na questão da reconciliação tenhamos que falar de uma determinação divina, quando nos movemos para falar da santidade humana, somos obrigados a mudar para falar de nossa própria agência, talvez cooperando com Deus, talvez rendendo a Deus aquilo que ele merece por nos dar o dom da salvação. Mas, se somos eleitos para a santidade, então fomos extraídos da esfera da autonomia humana; a santidade do cristão não decorre da decisão do cristão. No entanto, há uma verdade complementar importante aqui: a eleição é a eleição para um modo de vida. A condição de "ser eleito" não é simplesmente um estado, mas uma história; a eleição para a santidade não é meramente separação. Em vez disso, eleição é determinação, nomeação para ser e agir de uma determinada maneira. O movimento de separação é, certamente, indispensável, pois consagração significa diferença. Mas a separação não pode ser tornada absoluta; o que é estabelecido pela eleição da graça de Deus não é um estado, mas a consagração do pecador para o serviço ativo de Deus:

> A prática é o objetivo daquela eleição eterna que é a primeira base da concessão de toda a verdadeira graça. A boa prática não é o fundamento da eleição [...] Mas a prática cristã é o escopo e o fim da eleição. Embora Deus não escolha os homens porque prevê que eles viverão de maneira santa, ele os elege para que vivam de maneira santa.[1]

A santificação é a obra de reconciliação do Filho. Se perguntarmos novamente: "De onde vem o milagre da santificação humana?", então, ao lado da resposta que ela tem sua origem na eleição divina, também temos que dizer que a santificação é inseparável da obra de reconciliação de Deus. A obra de santificação, determinada pelo Pai, realiza-se na pessoa e missão do Filho de Deus, o encarnado, o inesperadamente triunfante portador do pecado em cujo sangue temos a redenção e o perdão das nossas ofensas. Em sua forma mais simples: a santidade repousa sobre o fundamento do perdão e da reconciliação. Isso é o que significa dizer que o cristão é "santificado [...] em nome do Senhor Jesus Cristo" (1Co 6.11).

Tornou-se habitual em ética e dogmática protestantes assegurar este ponto cristológico e soteriológico insistindo em uma relação estritamente sequencial entre justificação e santificação: tudo o que é dito sobre a santificação deve repousar sobre a prioridade da obra justificadora de Cristo. Particularmente na polêmica contra o que foram considerados relatos católicos romanos sinérgicos sobre o assunto, a insistência em enraizar a santificação na justificação por meio da fé somente levou à sua conclusão plena um sentido do

---

[1] Jonathan Edwards, "Charity and its fruits", em: *Works* (New Haven: Yale University Press, 1989), vol. 8: Ethical writings, p. 294-5.

caráter radical da graça salvadora de Deus. O movimento da justificação para a santificação não acarreta nenhum comprometimento da perfeição e suficiência da graça que é declarada na Palavra e consentida na fé. A santificação baseia-se no ato divino de salvação realizado na morte e ressurreição do Filho e pronunciado na promulgação do evangelho da absolvição. Consequentemente, o agente da santificação cristã não é o cristão, mas Deus. Com efeito, o enraizamento da santificação na justificação proíbe qualquer conversão da santificação em autoaperfeiçoamento ético, como se a justificação fosse meramente uma infusão inicial de capacidades que são, então, ativadas por meio de esforço moral ou espiritual. Além disso, vincular a santificação tão firmemente à agência divina entra em um protesto contra relatos exemplaristas da expiação em que a obra de Cristo é reduzida à mera ocasião, estímulo ou modelo para os esforços do cristão para se tornar santo por meio de obras de santidade.

No entanto, por mais decisiva que seja a referência retroativa da santificação à justificação, podemos legitimamente perguntar se mais precisa ser mantido neste ponto caso não queiramos cair vítimas de uma certa estreiteza, uma restrição do escopo da obra salvadora do Filho. Duas questões exigem comentários. Em primeiro lugar, sem especificação mais detalhada, a insistência na centralidade da justificação para qualquer relato de santificação pode engendrar uma certa abstração da obra do Filho de sua pessoa, isolando os eventos pascais da pessoa e do agente que está no centro e, com efeito, ameaçando derivar para uma cristologia funcionalista em que a pessoa do salvador é uma mera função de sua atividade salvífica. Isso não precisa acontecer; na verdade, qualquer relato sério de justificação vai resistir de forma bastante tenaz a qualquer bifurcação da pessoa do Filho e a obra do Filho. Mas essa resistência acarretará uma relutância em permitir que o motivo da justificação se inflame de modo a suportar todo o peso da obra de reconciliação do Filho. Em segundo lugar, portanto, não se pode esperar que a justificação funcione como um resumo abrangente da obra de reconciliação do Filho, mas deve ser integrada no âmbito mais amplo da economia salvífica de Deus, que se estende de eternidade a eternidade, e cujo centro é não apenas a justificação, mas a pessoa e missão do Filho em sua totalidade – desde a sua submissão à vontade do Pai, passando pela assunção da carne, pela obediência e humilhação da existência encarnada, pela proclamação e promulgação do reino de Deus, pela doação de si mesmo até a morte, pela exaltação na ressurreição e ascensão para a glória à direita do Pai e pela obra contínua como profeta, sacerdote e rei. É essa missão em toda a sua extensão, e não uma única fase dentro dela, que constitui a conquista de nossa santificação; apenas nessa extensão completa temos a promulgação do 'nome' de Jesus Cristo, no qual somos feitos santos.

O que, então, significa que nesse "nome" o cristão é santificado? Simplesmente isto: Jesus Cristo é o Santo que santifica. No movimento de seu ser como Filho e Verbo feito carne, em sua pessoa e missão como "o Santo de Deus" (Mc 1.24), Jesus Cristo santifica. Por sua existência e ação, pelo fato de ser aquele que o Pai consagrou (Jo 10.36), Jesus Cristo santifica. Ele não apenas absolve, mas, ao absolver, ele consagra, renovando a vocação da humanidade de ser santa diante de Deus. Ele não consegue isso em sua pessoa isoladamente ou em sua obra isoladamente, pois tais distinções deixam de captar a identidade unitária da pessoa do Verbo encarnado. Ele santifica porque como aquele que assume a natureza humana ele está em nosso lugar e atua em nosso lugar, tornando-nos – não apenas potencialmente, mas de fato – santos, consagrados a Deus. Deus o fez nossa santificação; ser santo é ter a própria santidade em Cristo Jesus.

Perguntamos novamente: "De onde vem o milagre da santidade humana?", e, junto com nossa referência à obra de eleição do Pai e à obra de reconciliação do Filho encarnado, devemos retornar uma terceira resposta: somos santificados "no Espírito de nosso Deus" (1Co 6.11). O Espírito Santo é o próprio Deus ativamente "realizando" ou "aperfeiçoando" a santificação que é determinada pela vontade criativa do Pai e estabelecida pela pessoa e obra reconciliadoras do Filho. Pela operação pessoal do Espírito, aquilo que Deus deseja e realiza com soberana liberdade e eficácia passa a ser a condição real da existência do cristão: não mais um estado de coisas abstratas, mas uma realidade objetiva que abarca o cristão. "No" Espírito, a santificação que foi eleita e realizada torna-se efetiva como a realidade pessoal mais própria do cristão. Deus Espírito Santo é, como Calvino coloca, "a energia secreta [...] pela qual passamos a desfrutar Cristo e todos os seus benefícios".[2]

Isso é – crucialmente – não aprisionar o Espírito no reino da subjetividade humana. A energia secreta do Espírito santificador de Deus não é outra maneira de falar de nossas próprias energias secretas, e não deve ser concebida

---

[2] John Calvin, *Institutes of the Christian religion*, edição de John T. McNeill, tradução de F. L. Battles, Library of Christian Classics XX (Philadelphia: Westminster Press, 1960), III.i.1, p. 537 (TI – tradução inglesa) [edição em português: João Calvino, *A instituição da religião cristã* (São Paulo: UNESP, 2008-2009)].

como um poder infundido que estimula atos humanos de santidade. Pensar nesses termos seria simplesmente perder a referência da santidade cristã que remonta à obra triúna da graça e transformar a santificação em uma suficiência adquirida. A santidade do cristão está em Cristo, no Espírito, não *em si*; é sempre e apenas uma santidade alheia. A santificação não sinaliza o nascimento da autossuficiência, ao contrário, indica uma "falta perpétua e inerente de autossuficiência".[3] A santificação "no" Espírito não é a imanência do Espírito no santo. Muito pelo contrário: é uma questão de *externalidade* da *sanctitas christiana*,[4] o santo sendo e agindo *em outro*. "Santificação no Espírito" significa: não sou eu que vivo, mas Cristo que vive em mim. E "Cristo vive em mim" significa: pelo poder do Espírito, eu sou separado da minha autodestruição autocausada e recebo um novo eu santo, cercado pelo Novo Adão e com referencia total a ele, em quem eu estou e em quem eu ajo.

## III

Tudo isso é para afirmar que um relato dos fundamentos da santidade do cristão requer uma extensão adicional da linguagem de *sola gratia*, uma reiteração do *solus Deus* na temática da vida cristã. De que modo, consequentemente, essa vida deve ser descrita? Nossa proposição continua assim: *Alicerçada na obra de eleição, reconciliação e aperfeiçoamento do Pai, do Filho e do Espírito*, a vida para qual o cristão é renovado é *a vida ativa da santa comunhão que é a obra da fé*.

---

3  G. C. Berkouwer, *Faith and sanctification* (Grand Rapids: Eerdmans, 1952), p. 83.
4  N. R.: Expressão latina cujo significado é "santidade cristã".

Santidade cristã é comunhão santa; é a renovação da relação com Deus que é o coração da santidade. Ser *criatura* é ter seu ser em relação a Deus, pois "ser" é "estar em relação" com o criador, e só assim ter vida e agir. Ser um *pecador* é repudiar essa relação, e tão absolutamente de modo a colocar em perigo a própria vida, procurando transcender a condição de criatura e se tornar sua própria origem e seu próprio fim. Essa recusa perversa de ser uma criatura não pode mudar a objetividade da determinação do criador de ser Deus conosco, pois tal é a misericórdia do criador que o que ele resolveu desde toda a eternidade permanece firme. Mas a falha do pecador em viver reconhecendo o dom da vida do criador significa que a criatura opta por atormentar e danificar seu ser até a ruína, precisamente por lutar para sair da relação ordenada com Deus, na qual a criatura somente pode estar. Ser um *pecador reconciliado* é ser aquele em quem a misericórdia de Deus pode dar um fim à autodestruição, aquele cuja inimizade foi derrotada de forma autoritária e irrevogável e, portanto, restaurado à vida em relação a Deus. E, portanto, ser *santo* é ser um pecador reconciliado, restabelecido na comunhão e assim liberado e capacitado para as obras de santidade.

Na obra divina de santificação, então, a criatura é reintegrada no movimento da história de Deus conosco, a história da comunhão ativa: embora antes o pecador lutasse contra aquela história e desafiasse seu Senhor, agora o pecador é consagrado para um compromisso livre e feliz com Deus. Os teólogos protestantes mais antigos falavam disso em referência à restauração da imagem de Deus: o *terminus a quo* da santificação é a corrupção da imagem divina, e o *terminus ad quem*[5] da santificação é sua restauração.[6] A linguagem sobre a *imago Dei* pode facilmente se tornar excessivamente estática, especialmente quando a imagem está localizada em alguma faculdade humana, como a razão ou a consciência, muitas vezes com o propósito de fornecer uma base antropológica natural para falar de Deus. Em vista disso, talvez seja mais sábio conceber a renovação da natureza humana "segundo a imagem de seu criador" (Cl 3.10) em termos que sejam tão amplos e históricos quanto possível: *anakainōsis*[7] é a retomada da história da comunhão entre Deus e suas criaturas após o episódio vil do pecado; é a nossa reintegração abrangente na santa aliança pela misericórdia do Deus santo.

No que diz respeito ao cristão, esta comunhão que constitui a santificação é a renovação da vida ativa de obediência. Uma passagem perto do início do relato de Calvino sobre a justificação fala assim:

> Cristo nos foi dado pela generosidade de Deus, para ser agarrado e possuído pela fé. Ao participar dele, recebemos principalmente uma dupla graça: a saber, que, sendo reconciliados com Deus por meio da irrepreensibilidade de Cristo, podemos ter no céu em vez de um Juiz, um Pai amável; e, em segundo lugar, que santificados pelo Espírito de Cristo, podemos cultivar a irrepreensibilidade e pureza de vida.[8]

---

5 N. R.: Expressões latinas cujos significados são, respectivamente, "ponto que marca origem" e "ponto que marca o destino".
6 Veja H. Heppe, *Reformed dogmatics* (London, Allen & Unwin, 1950), p. 565.
7 N. R.: Termo grego cuja raiz é *anakainoō* (revigorar, reavivar).
8 John Calvin, *Institutes*, III.xi.1, p. 725 (TI).

Ao falar da obra reconciliadora de Deus como uma "dupla graça", Calvino concebe a presença divina que encontra a humanidade no evangelho como a restauração da paz com Deus por meio da absolvição divina e como santificação para a pureza ativa. Reconciliados com Deus por Deus, somos feitos santos para as obras de santidade.

Isso significa que as obras de santidade surgem de um abalo e reorientação do ser humano e da atividade humana por Deus. Ao falar sobre o que Calvino chama de "cultivo" da irrepreensibilidade e pureza de vida, não caímos na autorrealização: para essa perversão de nossa condição de criatura, Deus proferiu um "não" final na cruz. A santidade cristã é uma questão de "santificação evangélica"[9] – da santidade que o evangelho *declara* e para a qual a contraparte das criaturas é a *fé*. A santidade cristã é a vida no espaço criado pela presença da santidade de Deus por meio do Filho reconciliador e do Espírito consagrador. É por isso que "nós podemos [...] falar verdadeiramente de santificação *apenas* quando tivermos compreendido o significado excepcionalmente grande do vínculo entre *sola fide* e santificação".[10] Ou, nos termos de Calvino: a santificação é um aspecto da "generosidade" divina, cujo apego e posse só podem ser "na fé".

O significado de *sola fide* neste contexto é, simplesmente, imenso. Não apenas sublinha a absoluta prioridade da graça, mas também necessita do desenvolvimento de uma antropologia distinta. Pois, se *sola fide* é a nota tônica da

---

9 Herman Bavinck, *Gereformeerde Dogmatiek* (Kampen: Kok, 1928), vol. 4, p. 233 [edição em português: *Dogmática reformada* (São Paulo: Cultura Cristã, 2019), 4 vols.].

10 Berkouwer, *Faith and sanctification*, p. 42.

santidade cristã, então a explicação dessa santidade requer uma ontologia da pessoa humana e, consequentemente, uma psicologia e uma ética, nas quais o ser do cristão não é feito, mas dado. Ser, e, portanto, ser santo, é ser uma implicação dos propósitos criativos e salvadores do Deus triúno. A santidade cristã é, portanto, um aspecto do caráter escatológico da humanidade reconciliada. Para o ser humano em comunhão santa com Deus, é concedido estar na história do triúno Deus conosco. Nessa história, a velha existência, fechada em si mesmo e poluída foi e é continuamente posta de lado, e uma nova existência se abriu, uma existência santa de comunhão com o Santo. Essa nova existência santa é "escatológica" no fato de que ela emerge por meio de uma abrangente derrubada e reordenação da vida humana e da história que é chamada de regeneração; e a esse ato divino regenerativo corresponde a fé.

No entanto, a santificação evangélica não é apenas a santidade que o evangelho *declara*, mas também a santidade que o evangelho *ordena*, para a qual a contrapartida das criaturas é a *ação*. A santidade é indicativa; mas também é imperativa; na verdade, é imperativa *porque* é a santidade indicativa do Deus triúno, cuja obra de santificação é direcionada para a renovação da vida ativa de comunhão da criatura com ele. A santidade indicativa não é um mero estado inerte em que nos encontramos colocados e que não exige nada de nós além da aquiescência passiva. A santidade indicativa é a revelação da conclusão inescapável sob a qual nossas vidas foram colocadas – a saber, que como aqueles eleitos, justificados e santificados pela misericórdia de Deus, somos igualmente aqueles que são determinados para a vida ativa de santidade. Porque a graça é "dupla graça", ela é eleição para a atividade. A dupla graça é sempre, claro, totalmente *graça*; a vida ativa de santidade nunca está separada do consentimento da fé à pura criatividade de Deus. Mas em uma teologia cristã da vida santa, a graça é *duplex*, estendendo-se a geração, evocação e preservação da ação. "Graça" – que é, naturalmente, nada mais do que uma abreviatura para a grande história da misericórdia de Deus, em cujo centro está a paixão e ressurreição de Cristo e seu envio do Espírito – é o dom da *vida*, e a vida é santidade ativa em companhia do Deus santo.

É por isso que é muito importante não isolar o mote *sola fide*, tornando-o um momento absoluto em que desmorona toda a psicologia moral do cristão. O resultado desse isolamento é sempre uma redução drástica da vida de santidade cristã, que resiste ao moralismo atacando a ética do evangelho. Isso pode ser feito sob a bandeira da doutrina da justificação pela graça por meio da fé; mas seu resultado é um monismo de justificação que dificilmente pode esperar dar uma explicação adequada do escopo da economia triúna da graça. Por mais indispensável que *sola fide* possa ser, não se deve entendê-la como significando que a passividade seja o único modo de existência cristã. *Sola fide* significa que, em todos os seus atos, o ser do pecador santificado se refere à criatividade do senhorio de Deus – à misericórdia eletiva do Pai antes de todos os tempos, à obra consumada do Filho e à presença e promessa do Espírito. A fé é ingrediente de toda atividade santa; sem fé, tal atividade não poderia ser santa. Mas a fé tem sua ambientação em toda a economia da salvação, cujo fim é a nossa renovação.

## IV

Essa vida ativa de comunhão santa é, *a cada momento, caracterizada pela mortificação e vivificação*. Como mortificação, a santidade é deixar de lado aquilo que foi morto na cruz do Filho de Deus; como vivificação, a santidade é viver aquilo que foi vivificado na ressurreição do Filho. A mortificação é, portanto, uma forma de articular como a nova vida ativa do cristão se manifesta e corresponde à morte da velha existência, carregada de morte, "delitos e pecados". A vivificação trata da vida ativa como correspondendo à grande realidade pascal: "Ele vos deu vida" (Ef 2.1). Mortificação e vivificação, propriamente concebidas, não são dois atos separados, mas a mesma realidade vista de maneira diferente. Mortificação e vivificação tampouco são, em si mesmas, atos distintos, distinguíveis de outras obras do cristão; antes, são características de todos os padrões de atividade que compreendem a vida de santidade. "Despir-se" e "revestir-se" não são atos paralelos ou adicionais a outras obras; eles são o caráter do todo, visto em todas as suas partes. Mortificação e vivificação significam a extensão do padrão batismal para a vida do cristão, de modo que a morte e ressurreição de Cristo, *em* — e não *apesar de* — toda sua objetividade e perfeição, são a forma da própria história pessoal do cristão. Viver no poder e à luz de sua morte e ressurreição, e sob sua tutela, é buscar agir para que, em sua própria esfera e dentro de suas próprias limitações muito reais, nossas vidas humanas deem resposta à graça.

A resposta que é dada é, descrita nos termos mais amplos, um abandono do que já foi abolido e um viver daquilo que foi definitivamente estabelecido na obra da salvação. De todos os mestres da tradição da Reforma, é a Calvino que devemos voltar aqui mais uma vez, já que é o teólogo da santificação *par excellence*. Em uma das muitas passagens memoráveis do Livro III das *Institutas*, ele escreve:

> Isto já é grandioso: estarmos consagrados e dedicados a Deus a fim de que, a partir daí, não pensemos, falemos, meditemos ou façamos coisa alguma que não seja para glória de Deus. [...]
>
> E, se não somos nossos, mas do Senhor, é evidente o erro que deve ser evitado e, por outro lado, a que todas as nossas ações devem ser dirigidas. Não somos nossos; logo, que nem nossa razão nem nossa vontade tenham predomínio em nossas resoluções e em nossos atos. Não somos nossos; logo, não estabeleçamos para nós a finalidade de buscar o que nos convém segundo a carne. Não somos nossos; logo, convém que nos esqueçamos tanto quanto possível de nós mesmos e de todas as nossas coisas.
>
> Em contrapartida, somos de Deus; logo, vivamos e morramos para Ele. Somos de Deus; logo, que sua sabedoria e vontade presidam todas as nossas ações. Somos de Deus; a Ele, pois, dediquemos todas as partes de nossa vida, como a único fim legítimo [...] Ó, quanto avançou aquele que não é instruído por si mesmo e que priva sua própria razão do domínio e do comando de si, para confiá-lo [sic] ao Senhor! Pois a peste mais eficaz para a perdição dos homens é a obediência a si mesmos, quando,

pelo contrário, o único porto de salvação é não provar nem desejar nada por si, mas antes somente seguir a Deus.[11]

Qual é a "grande coisa" para a qual Calvino busca chamar a atenção de seus leitores? O fato de que nossa "consagração" por Deus é *proposital* ("a fim de que..."); de que somos santificados *por* Deus e *para* Deus; de que o objetivo humano da obra divina da santificação é que a razão, o falar e a ação humanas devam ser somente para a glória de Deus. Disto flui o que Calvino vê como o movimento duplo da vida cristã, um movimento enraizado na dupla condição em que o cristão foi posto. A condição é que, em primeiro lugar, "não somos nossos" e que, em segundo lugar, somos "do Senhor". Ou seja, negativamente, na existência cristã, temos irrevogavelmente negado o direito reivindicado pelo pecador à posse de si mesmo e à autorrealização, porque, positivamente, somos possessão de Deus e feitos reais por Deus. Mais resumidamente: a nossa condição é aquela que nega nosso desejo de ser Deus para nós mesmos, porque fomos criados e recriados pelo único Deus verdadeiro. A partir dessa condição santa surge o movimento de uma vida santa, um movimento que é, ao mesmo tempo, um abandono, uma fuga da falsidade e um voltar-se — um redirecionamento de nós mesmos para o Deus em quem *estamos*.

A mortificação envolve o que Calvino passa a descrever como autoabandono. "Que este seja, portanto, o primeiro passo, que um homem se aparte de si mesmo."[12] Obviamente, para Calvino, isso não quer dizer que a vida santa significa o fim da

---

11 John Calvin, *Institutes*, III.vii.1, p. 690 (TI) [edição em português: João Calvino, *A instituição da religião cristã* (São Paulo: UNESP, 2008-2009), p. 158-9].
12 Ibidem, III.vii.1, 690 (TI).

individualidade, mas, sim, sua extração do reino da maldade, idolatria e rebelião. A razão e a vontade devem ser castigadas, na verdade, mortificadas, não porque seu exercício seja em si mesmo depravado, mas porque devem ser afastadas dos fins escolhidos por elas mesmas e, assim, reingressar no serviço de Deus. Esse "serviço", esvaziando os poderes humanos de seu abuso "carnal", significa "obediência à Palavra de Deus" e deferência ao "comando do Espírito de Deus".[13] Isso é o que Calvino, pegando um tema antigo, chama de "filosofia cristã" — sabedoria para o verdadeiro viver humano em relação a Deus. É conhecido principalmente como dar lugar a Deus, submissão e sujeição que correspondem ao fato de que o eu inflamado, orgulhoso, competente, cheio daquela confusão de desejo e ansiedade que é a dor do pecador, este eu foi morto na cruz, e assim pode e deve ser abandonado.

A mortificação, insistiam os antigos teólogos protestantes, não é mera tristeza carnal. É bem diferente da miséria destrutiva que sentimos com a ruína que causamos a nós mesmos, que tão rapidamente se transforma em ódio a nós mesmos e ódio a Deus. A mortificação não é desespero diante da insolubilidade de nossa situação. Sua dinâmica é totalmente diferente, pois é um afastamento daquilo que já foi decidido por Deus em sua obra reconciliadora. A mortificação só é possível porque, na cruz, nós "morremos" e porque, em virtude da ressurreição, nossa vida está "oculta juntamente com Cristo, em Deus" (Cl 3.3). A mortificação não é uma autoacusação desesperada, mas o afastamento do pecado, afastamento que pode e deve ser realizado porque o pecado já foi posto de lado.

---

13 Idem, III.vii.1, 690 (TI).

O que caracteriza a mortificação, portanto, não é a raiva frustrada da autorrecriminação, mas o horror ao pecado que flui da absolvição e a resolução de viver a libertação que Deus conquistou para nós. A mortificação, em outras palavras, é inseparável da vivificação, a *animação* da vida e da atividade que o evangelho anuncia e à qual nos conformamos dirigindo "todas as ações" da nossa vida para o Senhor.[14] *Sumus Domini* — somos do Senhor — é a grande declaração evangélica que permeia toda a vida de santidade cristã. Nela é apresentado o fato de que a eleição foi cumprida na reconciliação e aperfeiçoada no Espírito; por meio dela o arrependimento é possibilitado como aquela mudança verdadeira da sombra do pecado em direção à luz da vida.

## V

A vida ativa de santa comunhão com Deus tem a mortificação e a vivificação como sua estrutura profunda. Essa vida é, finalmente, *real como liberdade, obediência e amor*. O santo é aquele que é libertado por Deus do pecado e para a realidade; emancipado para obediência à lei, que é a verdade moral de Deus para suas criaturas; e liberado para atos de amor ao próximo, nos quais a comunhão humana é preservada.

"Santidade" e "liberdade" são termos correlativos: minha santificação é minha emancipação. Como é isso? Santidade é consagração pela obra do Deus triúno, no qual estou separado para o serviço. Pela graça santificadora de Deus, sou resgatado das garras do pecado e da morte e restaurado à vida com o santo Deus. Santidade é comunhão de aliança restaurada.

---
14 Idem, III.vii.1, 690 (TI).

Essa comunhão restaurada é, devemos notar, a raiz e o contexto da liberdade. Na comunhão com Deus, na comunhão dos santos com o Pai, o Filho e o Espírito, recebemos o estranho dom da liberdade evangélica. E, em comunhão com Deus, devemos exercer a liberdade para a qual, de acordo com o evangelho, Cristo nos libertou.

Mas o que é esse estranho dom da liberdade evangélica? É um presente *estranho* porque só pode ser conhecido e exercido à medida que somos convertidos de uma mentira — a mentira de que a liberdade é uma autorrealização sem forma e sem restrições. É *evangélica* porque se funda na alegre reversão e reconstituição da situação humana de que fala o evangelho. Podemos defini-lo assim: na liberdade evangélica, estou tão ligado à graça de Deus e ao chamado de Deus que sou libertado de todos os outros vínculos e livre para viver na verdade. "A lei do Espírito da vida, em Cristo Jesus, me livrou da lei do pecado e da morte" (Rm 8.2). A liberdade é inseparável da lei do Espírito da vida em Cristo Jesus. Ou seja, no mistério da conquista do Filho, presente no poder do Espírito, sou confrontado com uma realidade nova, incontestável e onipotente — a realidade da salvação que diz que estou *"vivo* por causa da justiça" (Rm 8.10). Essa realidade é "lei" no sentido de que é uma verdade dada que determina meu presente e futuro e forma minha ação. Mas, como tal, é também a base da minha liberdade, pois nela está estabelecido o fato de que fui libertado de outra lei, "a lei do pecado e da morte", emancipado da autodestruição para a vida na realidade.

A liberdade evangélica não pode ser divorciada da comunhão santa com Deus, da qual é um aspecto. A comunhão com Deus é tanto sua base quanto a esfera de seu exercício.

Atraído pela misericórdia divina para a comunhão santa, estou ligado a Deus — sou, nos termos de Paulo, um escravo de Jesus Cristo, com minha autonomia finalmente quebrada. Mas a escravidão a Cristo não é a antítese de minha liberdade, muito pelo contrário: é sua condição essencial. Por quê? Porque o Cristo a quem estou ligado é aquele que finalmente garantiu o fato de que nenhum outro poder pode se interpor entre mim e meu florescimento. Nele, Deus colocou uma distância entre mim e todos os outros vínculos em que me encontro, e essa distância é "a distância da liberdade".[15] A liberdade evangélica é, portanto, liberdade dos poderes que me inibem (incluindo, e especialmente, meus próprios poderes). Viver a vida ativa de santa comunhão com Deus é, portanto, viver a partir do evento da liberdade do pecado e da morte. A liberdade evangélica é a liberdade que vem de não ser, em última instância, responsável por meu próprio ser; pela misericórdia de Deus, fui restaurado para me reconhecer como uma criatura em comunhão com meu criador e salvador. E para essa liberdade não posso me libertar: a autolibertação é precisamente o "jugo de escravidão" (Gl 5.1) do qual fui libertado.

Libertado e protegido dessa forma, estou livre para viver na verdade. Os relatos modernos de liberdade identificam a liberdade como liberdade irrestrita para a autocriação e, portanto, contrastam liberdade e natureza: liberdade é a antítese daquilo que está dado, um movimento contra — e além de — qualquer sentido de que tenho uma identidade determinada. A liberdade evangélica, em contraste, não concebe o ser humano como uma construção totalmente original da

---

15 Hendrikus Berkhof, *Christian faith* (Grand Rapids: Eerdmans, 1986), p. 459.

vida e da história. Em vez disso, ser humano é viver e agir em conformidade com a verdade dada (natureza) do que eu sou — uma criatura da graça, um pecador reconciliado e alcançado no movimento dos caminhos e das obras de Deus, nos quais sou direcionado para uma perfeição a ser revelada nos últimos tempos. Sou livre quando finalmente me encontro desembaraçado da idolatria, do falso desejo e da vaidade, e, portanto, habilitado a ativamente cumprir, ocupar e ampliar o papel para o qual fui designado. Na liberdade evangélica, sou liberto para a realidade e, portanto, para as práticas de santidade. Desse ponto de vista, a polarização da liberdade e da obediência que é endêmica na antropologia moderna faz parte da patologia da história espiritual moderna do eu. Na liberdade que me foi dada em Cristo, estou vinculado à graça de Deus. Mas a graça de Deus é o chamado de Deus; a santidade com que Deus consagra também é um mandamento. E assim a liberdade envolve conformidade com a lei. Eu sou, em resumo, "santificado... para a obediência" (1Pe 1.2).

A forma da vida ativa é a lei. Alguns instintos cristãos podem inicialmente nos levar à cautela neste ponto. Podemos temer o uso da lei como meio de adquirir retidão, por assim dizer, pelas costas de Deus, por meio de "obras da lei"; ou podemos associar a lei com mera formalidade e externalismo na moral e na religião que deixa as afeições intocadas. A lei, certamente, pode ser um instrumento de autojustificação, ou de um legalismo decadente. Mas, propriamente definida — isto é, evangelicamente definida —, a lei é a forma de vida que Deus ordena aos eleitos. O uso degenerado da lei só pode ser combatido integrando-a na aliança da graça que é a história da santidade. Abstraída dessa aliança, a lei certamente está associada ao pecado e à morte;

mas dentro do drama da obra salvadora de Deus, a lei é a ordem de vida dada, a trajetória ao longo da qual nossas histórias morais se movem. Isto é o que se quer dizer com o *usus didacticus* da lei: a lei é um professor, e não um juiz, que nos instrui no caminho da santidade, que flui da bondade de Deus e corresponde à ela. A lei baseia-se na eleição e reconciliação; não há retratação da graça aqui, e a recitação da lei deve sempre ser precedida pelas palavras da misericórdia libertadora de Deus: "Eu sou o Senhor teu Deus, que te tirei da terra do Egito, da casa da servidão" (Êx 20.2). Mas a promessa da graça engendra obediência. A santa obediência tem dois momentos: a disposição para aprender e o serviço ativo, uma escuta e uma realização da vontade de Deus, pela qual a razão, os afetos e a vontade estão todos empenhados no serviço do Santo:

> Ensina-me, Senhor, o caminho dos teus decretos,
> e os seguirei até ao fim.
> Dá-me entendimento, e guardarei a tua lei;
> de todo o coração a cumprirei.
> Guia-me pela vereda dos teus mandamentos,
> pois nela me comprazo. (Sl 119.33-35)

Sobre a petição "dá-me entendimento", Calvino comenta:

> Somos informados aqui de que a verdadeira sabedoria consiste em ser sábio de acordo com a lei de Deus, que ela possa nos preservar no temor e na obediência a ele. Ao pedir a Deus que lhe confira essa sabedoria acerca dele, ele reconhece que os homens, por causa de sua cegueira natural,

almejam qualquer coisa em vez disso. E, de fato, é bastante estranho às noções geralmente prevalentes entre a humanidade forçar todos os nervos para guardar a lei de Deus. [...] Para si mesmo, ele não pede outra prudência senão a rendição de si mesmo inteiramente à direção de Deus.[16]

Liberdade e obediência são, portanto, ambas básicas para a vida ativa de santidade, porque elas nos direcionam para fora, para longe da autoconsideração pecaminosa e para a vida na verdade da lei de Deus. É por isso que se pode completar um retrato da vida santa falando de amor ao lado de liberdade e obediência. Libertado da busca egoísta temida e obstinada, sou consagrado para as obras de amor. A santificação por Deus envolve a restauração da sociedade. Pois, se a liberdade evangélica significa minha emancipação para a verdade e se a obediência evangélica significa minha liberdade de agir dentro da ordem justa da verdade, então o amor é a obediência livre na qual eu reconheço a causa do meu próximo e a torno minha. A comunhão com Deus envolve a comunhão humana. Na esfera da santidade, meu próximo não é mais uma ameaça ou um obstáculo, tampouco uma função do meu interesse próprio. Meu próximo é a presença para mim de uma verdade que me obriga a agir em relação a ele. O amor, como a liberdade e a obediência, envolve mortificação e vivificação. O amor é um movimento contrário ao nosso orgulho ruinoso. "Não há ninguém que não aprecie dentro de si alguma opinião de sua própria preeminência [...] cada indivíduo,

---

16 John Calvin, *Commentary on the book of Psalms* (Edinburgh: Calvin Translation Society, 1847), vol. 4, p. 425 [edição em português: João Calvino, *Comentário ao livro de Salmos* (São José dos Campos: Fiel, 2017)].

lisonjeando-se, carrega uma espécie de reino em seu peito".[17] É por isso que, continua Calvino, "a menos que você desista de todo pensamento sobre si mesmo e, por assim dizer, saia de si mesmo, você não realizará nada aqui".[18] Esse desistir e sair do eu é a mortificação, e a ela corresponde a animação de nossos cuidados por nossos semelhantes. Tanto o morrer para si mesmo quanto o elevar-se para amar o próximo são frutos do Espírito, aperfeiçoando em nós a santidade para a qual fomos separados por Deus.

O amor envolve o meu reconhecimento de que sou *obrigado* pelo meu próximo como uma realidade que me foi dada por Deus, uma realidade da qual muitas vezes gostaria de fugir, mas que me encontra com uma força imperativa transcendente. Por que essa base "transcendente" para as obras de comunhão humana é teologicamente decisiva? Porque, de acordo, o meu próximo, aquele com quem me relaciono, é *dado* a mim, constituindo parte do meu destino na companhia dos santos. Meu próximo é uma convocação para a comunhão, porque nele encontro uma reivindicação sobre mim que não é casual ou fortuita (e, portanto, dispensável), mas, sim, precede minha vontade e exige que eu aja em relação a ele. Sem a sensação de que a comunhão é concedida (por Deus), meu próximo não representaria uma reivindicação suficientemente forte para me perturbar da complacência e indiferença para uma consideração ativa e que toma a iniciativa. Alguns atos básicos de comunhão humana — misericórdia para com estranhos, fidelidade, atenção paciente para com os desagradáveis, devoção ao cuidado de longa data e em grande parte não correspondido para com

---

17 John Calvin, *Institutas*, III.vii.4, 694 (TI).
18 Ibidem, III.vii.5, 695 (TI).

aqueles que estão em coma e os deficientes — requerem para seu sustento a percepção de que o próximo é aquele com quem fui estabelecido em comunhão independentemente da minha vontade (e às vezes contra ela). Meu próximo me *obriga* porque é a presença para mim da designação e da vocação do Deus santo. Sem doação, sem comunhão como mais do que um fato contingente, sem o próximo como um chamado divino, só existe a minha vontade. Mas, se a comunhão é uma condição e não apenas uma possibilidade para o meu eu irônico se entreter, então, ao construir uma vida comum — na cultura, política e ética —, eu resisto ao individualismo e isolamento do pecado em que posso sucumbir, e, santificado por Cristo e pelo Espírito, percebo minha natureza como criada para a santidade.

Podemos encerrar essas reflexões com a lembrança do grande teólogo do século 17 John Owen, que foi decano da igreja Christ Church e vice-reitor da universidade de Oxford, sob Cromwell. Owen não foi apenas o mais notável e prolífico teólogo reformado inglês de seu século, intelectualmente similar a Hooker ou Andrewes ou qualquer um dos teólogos escolásticos continentais de seu período, mas também um homem de profunda percepção espiritual: uma mente ampla e judiciosa, quebrada e refeita por amor ao evangelho. Aqui, para encerrar, está o que ele tinha a dizer sobre o que chamou de "as relações santas" de Deus para nós — isto é, de santidade na qual ele se volta para nós:

> Nos pensamentos de Deus, seus santos se regozijam com a lembrança do que ele é e do que será para com eles. Nisto eles consideram todas as relações santas que ele assumiu

para com eles, com todos os efeitos de sua aliança em Cristo Jesus [...] Nesses pensamentos, seus santos têm um doce deleite; são doces para com eles, revigorantes. Assim é com aqueles que têm a mente espiritual: eles não apenas pensam muito sobre Deus, mas se deleitam com esses pensamentos; eles são doces para eles; e não apenas isso, mas eles não têm alegria sólida nem deleite, exceto em seus pensamentos de Deus, nos quais, portanto, eles se refugiam continuamente [...] Aqueles que têm uma mente espiritual irão [...] continuamente se dirigir aos pensamentos de Deus, onde encontram alívio e refrigério contra tudo o que sentem e temem. Em todas as situações, a alegria principal deles está na lembrança da santidade dele.[19]

Em conclusão: como Pai, Deus é aquele que deseja e propõe desde toda a eternidade a separação da humanidade como um povo santo, destinado à comunhão consigo mesmo. Como Filho, Deus é aquele que conquista essa separação da humanidade ao resgatá-la de sua contaminação e de sua escravidão à impiedade. Como Espírito, Deus é aquele que completa ou aperfeiçoa essa separação ao santificar a humanidade e trazê-la à reta comunhão com o Deus santo. Que seja assim conosco.

---

19 John Owen, "ΦΡΟΝΗΜΑ ΤΟΥ ΠΝΕΥΜΑΤΟΣ or the grace and duty of being spiritually minded declared and practically improved", em: *Works* (Edinburgh: Banner of Truth Trust, 1965), vol. 7, p. 364-5.

# Conclusão

Nos capítulos anteriores, tentei articular e defender duas propostas básicas: uma sobre a maneira pela qual a teologia cristã realiza a tarefa de fornecer um relato sobre a santidade e outra sobre o conteúdo material desse relato. A primeira proposta era que uma dogmática da santidade é ela própria um exercício de santidade. O pensamento teológico cristão, se deve ocorrer no meio da vida comum dos santos de Deus, não é uma investigação crítica transcendente, mas uma tentativa de articular um discurso racional sobre aquele que é Santo. Uma teologia cristã da santidade é um exercício da razão santa, e a razão santa é a razão separada por Deus para que a presença comunicativa de Deus como Pai, Filho e Espírito possa ser conhecida e amada. Tanto o contexto quanto o conteúdo do que a teologia cristã tem a dizer sobre a santidade derivam da revelação (o dom da presença de Deus como o Santo); e, portanto, tal teologia não é poética, mas positiva, não é uma atividade de nomeação, mas de confissão. Ela encontra seu conteúdo, sua norma e seu limite na sagrada Escritura como o instrumento da criatura inspirado através do qual o Santo anuncia a si mesmo. Consequentemente, sua tarefa primária é exegética, em vez de comparativa ou fenomenológica. A teologia cristã tenta da melhor forma possível ler o cânon como uma testemunha da autopromulgação de Deus, e não está convencida de que ler o cânon como uma expressão da experiência do sagrado em geral possa ser de muito proveito. Esse relato, eu sugiro, não pode ser obra da razão por si mesma, pois a razão também foi alcançada na história da santidade; a razão faz parte da história da maldade e da superação da maldade por meio das obras reconciliadoras e santificadores de Deus. Assim, como "razão santa", a teologia cristã exibirá adequadamente os traços de mortificação e vivificação, à medida que é reprovada por sua vaidade e seu amor à falsidade e refeita pelo Espírito para humilde atenção à verdade. Sua postura fundamental será, portanto, de oração; e seu lugar será na comunhão dos santos, servindo à confissão da comunidade do Deus triúno, ao temor e santificação do nome de Deus.

A segunda proposta feita no decorrer da discussão precedente dizia respeito ao conteúdo de uma teologia cristã da santidade. Esse conteúdo foi elaborado explorando três temas inseparáveis: a santidade que é própria da santíssima Trindade; a santidade da igreja; e a santidade do cristão individual. A inseparabilidade desses temas deriva da estrutura interna da crença cristã acerca da santidade trinitária de Deus. Como Pai, Filho e Espírito, a santidade de Deus é uma maneira de indicar o "nome" e as "obras" de Deus, isto é, a identidade que Deus expressa. Como todo discurso sobre os atributos de Deus, o discurso sobre a santidade de Deus é uma tentativa conceitual de apontar para a concretude da identidade de Deus. Essa identidade concreta é "promulgada", no sentido de que ela é realizada na ação livre de Deus em direção a suas criaturas como criador, reconciliador e aperfeiçoador. Santidade é, assim, a relação moral pessoal de Deus com suas criaturas. O Santo triúno é aquele que estabelece a comunhão: como Pai desejando e formando a criatura para a comunhão, como Filho defendendo essa comunhão contra a ofensiva do pecado e como Espírito trazendo essa comunhão a sua completude humana. A santidade como um modo de relação pode ser explorada em dois níveis: eclesial e individual. A santidade eclesial está fundamentada na obra da santíssima Trindade ao eleger, redimir e consumar um povo santo, aqueles que são os membros da aliança com Deus e têm a comunhão dos santos. A santidade da igreja é, portanto, sempre uma santidade alheia: uma dádiva, e não uma posse; graça, e não conquista. Além disso, é visível no ato primário da igreja, que é a confissão – isto é, o reconhecimento da pura majestade, da dignidade transcendente e da bondade de Deus. Santidade não é uma perfeição autorrealizada, mas um apontar para a realidade perfeita do Deus santo. Suas formas primárias são o ouvir o chamado e a promessa do evangelho, a confissão de pecados em arrependimento e fé, o testemunho perante o mundo e a oração pela santificação do nome de Deus. No nível da santificação individual, a santidade é a renovação da criatura por meio da obra da santíssima Trindade, na qual a criatura é emancipada para a vida ativa de comunhão com Deus. Por meio da santificação, a criatura é reintegrada no movimento da história da relação de Deus conosco. Toda atividade santa flui da fé; mas a fé é ativada no padrão batismal de morte e ressurreição com Cristo, ou seja, na mortificação e vivificação, por meio da qual a santidade é moldada como liberdade, obediência e amor.

Esses pensamentos, por mais amáveis que tenham sido para muitos cristãos no passado, são dificilmente concebíveis em nossa cultura. Ao contrário, por exemplo, da tolerância, a santidade não é estimada como uma virtude cívica e soa para nós como desumana. Não porque ela é desumana; muito pelo contrário: para a confissão cristã, a santidade é um ingrediente do florescimento humano. Se o oposto parece ser o caso, é em parte porque compreender a santidade e se engajar em suas práticas requer a conversão de nossa concepção de humanidade. O que pode estar envolvido nessa conversão?

Somos educados por nossa cultura para organizar nosso senso de nossas próprias identidades de uma forma *reflexiva*. Isso significa que somos menos inclinados a receber nossa autocompreensão primária de localidades, tradições e funções dadas e mais inclinados a agirmos de maneiras cujo modo e objetivo é a autoconstrução. Na falta, de modo geral, de qualquer vocabulário profundo acerca de naturezas e fins tanto em nossa política quanto em nossa psicologia moral, gravitamos por instinto em direção ao voluntarismo, embora seja um voluntarismo de uma variedade particular. Não é (pelo menos não no Ocidente moderno) tanto um voluntarismo de rebelião, mas, sim, de consumo e estilo. Nas formas kantiana e marxista que exerceram uma força tão poderosa nos séculos 19 e 20, o voluntarismo da rebelião manteve um sentido de que ser humano era ser um certo tipo de ser, alguém com um destino específico – o projeto de libertação. O voluntarismo de consumo e estilo difere deste em dois aspectos cruciais. Falta-lhe aquele sentido de identidade e durabilidade do humano que se articula no discurso acerca da "natureza" humana, preferindo um relato muito mais diferenciado ou revisável do que significa ser humano. Além disso, ele é amplamente não teleológico; os fins que podemos estabelecer para nós mesmos são locais, transitórios, e não um movimento em direção à perfeição de nossas naturezas, pois não temos nada para aperfeiçoar. Considere, por exemplo, a seguinte passagem do segundo volume da *História da sexualidade* de Foucault:

> [Para] uma ação ser "moral", ela não deve se reduzir a um ato ou a uma série de atos em conformidade com uma regra, lei ou valor. É verdade que toda ação moral implica uma relação com a realidade na qual se realiza e uma relação com o eu. Esta não é simplesmente "autoconsciência", mas autoformação como um "sujeito ético", um processo no qual o indivíduo: circunscreve que parte de si mesmo constituirá o objeto de sua prática moral, define sua posição em relação ao preceito que seguirá, decide sobre um certo modo de ser que servirá como sua meta moral. E isso requer que ele atue sobre si mesmo, a fim de que se monitore, teste, aperfeiçoe e transforme. Não existe ação moral particular que não se refira à uma conduta moral unificada; nem conduta moral que não apele para a constituição de si mesmo como um sujeito ético; tampouco constituição do sujeito ético sem "modos de subjetivação" e uma "ascética" ou "práticas do eu" que as apoiem.[1]

---

1 Michael Foucault, *The uses of pleasure: the history of sexuality* (London: Penguin, 1992), vol. 2, p. 28. Edição em português: *História da sexualidade: o uso dos prazeres*, 5ª ed. (São Paulo: Paz e Terra, 2014)].

A preocupação de Foucault aqui não é simplesmente a preocupação caracteristicamente moderna de que a conformidade a normas externas não garante a autenticidade moral. É muito mais do que ser um sujeito ético é uma questão de autoformação. A moralidade é uma prática do eu, o "que pode ser chamada de 'a determinação da substância ética'; isto é, a maneira pela qual o indivíduo deve constituir essa ou aquela parte dele mesmo como matéria-prima de sua conduta moral".[2] É aquele "*trabalho ético* que se efetua sobre si mesmo [...] para tentar transformar-se em sujeito ético de sua própria conduta".[3] Esse colapso da moralidade em autoestilização (o que Foucault chama de "ascética") não implica apenas a contração mais severa da ontologia moral; também torna extremamente difícil qualquer concepção de obrigação moral, pois por trás do estilo está *a vontade*, independente e, sem fins, não repreendida.

Mais uma vez, considere a definição de Anthony Giddens de "política-vida" em *Modernidade e autoidentidade*:

> A política-vida supõe (um certo nível de) emancipação [...]: emancipação da rigidez da tradição e das condições da dominação hierárquica [...] A política-vida não diz respeito principalmente às condições que nos libertam para que possamos escolher — ela é uma política *da* escolha. Enquanto a política emancipatória é uma política das possibilidades de vida, a política-vida é uma política do estilo de vida. A política-vida é a política de uma ordem reflexivamente mobilizada — o sistema da modernidade tardia —,

2  Ibidem, p. 26.
3  Ibidem, p. 27.

que, num nível individual e coletivo, alterou radicalmente os parâmetros da atividade social. É uma política de autorrealização num ambiente reflexivamente organizado, onde essa reflexividade liga o eu e o corpo a sistemas de alcance global. Nessa arena de atividade, o poder é gerador e não hierárquico. A política-vida é a política do estilo de vida no sentido sério e rico.[4]

A linguagem de Giddens é menos drasticamente interna, mais pública, do que a de Foucault; mas a visão subjacente da individualidade organizada em torno da escolha, a centralidade do estilo e o status inconsequente da natureza como um domínio externo à manipulação do eu, permanecem praticamente os mesmos. Não há natureza e nenhum curso histórico além daqueles lançados nos processos do "projeto reflexivo do eu".[5]

Uma teologia cristã da santidade é simplesmente incomensurável com tais interpretações[6] da identidade humana. Segundo a confissão cristã, o espaço em que a vida humana é empreendida é um espaço criado e reconciliado que está a caminho da sua perfeição final. Criado e recriado por Deus e ordenado pela presença providencial de Deus, é um dado espaço com uma dada trajetória histórica. Nesse domínio espacial

---

4 Anthony Giddens, *Modernity and self-identity: self and society in the Late Modern Age* (Stanford: Stanford University Press, 1991), p. 214 [edição em português: *Modernidade e identidade* (Rio de Janeiro: Jorge Zahar, 2002)]. Cf. Anthony Giddens, *The consequences of modernity* (Cambridge: Polity Press, 1990) [edição em português: *As consequências da modernidade* (São Paulo: Editora UNESP, 1991)].
5 A. Giddens, *Modernity and self-identity*, p. 231.
6 No original, foi utilizado o termo técnico da psicologia social *construals*. Os *construals* referem-se à maneira pela qual os indivíduos percebem, compreendem e interpretam o mundo ao seu redor, particularmente o comportamento ou ação dos outros em relação a si mesmos. (N. do R.)

e temporal, o trabalho humano é o trabalho de seres cuja autodefinição não é seu próprio projeto, mas um esforço fiel e verdadeiramente responsável para viver o chamado do Santo. Responsabilidade não significa o fim de toda mobilidade ou plasticidade humana, pois é característico do tipo de criatura que somos que descubramos nossa identidade cumprindo uma vocação ao longo do tempo – nos *tornamos* santos. Mas o tornar-se é, precisamente, uma descoberta, não uma invenção; não é a nossa própria geração de uma narrativa de nós mesmos, não é uma política-vida ou uma ascética (estética) do eu, mas a representação de um ofício: "Sedes santos, porque eu, o Senhor vosso Deus, sou santo".

Essas afirmações sobre a vida humana no domínio e na história da santidade parecem profundamente tradicionalistas e, portanto, essencialistas, como de fato o são em certos aspectos; uma cultura que aspira ser "destradicionalizada" e que almeja repudiar as essências pode ter pouco gosto por elas. Mas não deve ser esquecido que a história da santidade não é simplesmente regular, consistente e estável; é uma história escatológica, gerada pelo batismo, e sua ontologia se organiza em torno do advento da novidade. São os batizados, não os devotos da "cultura de risco secular",[7] que deveriam estar familiarizados com sua própria dissolução e, portanto, com sua reconstrução.

Persuadir nossa cultura de que a santidade é de suma importância para seu bem-estar exigirá não apenas a conversão da cultura, mas também a conversão contínua da igreja ao evangelho da santidade. Um aspecto crucial da santidade

---

[7] Ibidem, p. 181.

é o crescimento em *concentração*: a focalização da mente, da vontade e das afeições no Deus santo e em seus caminhos conosco. Este livro foi uma tentativa de tal concentração. No entanto, promover a concentração não é obra da teologia, mas de Deus, e, assim, é uma questão de oração. No final de uma das palestras dadas por Calvino sobre Ezequiel em 1563-1564, a última palestra que ele daria, ele orou assim:

> Deus todo-poderoso, em sua bondade ilimitada, tu nos consideraste dignos de tamanha honra que desceste à terra na pessoa de teu Filho unigênito e a cada dia nos encontras intimamente em teu evangelho, onde contemplamos tua imagem viva. Portanto, concede que não abusemos de tal benefício por meio de curiosidade sem sentido, mas que sejamos verdadeiramente transformados em sua glória e, assim, avancemos cada vez mais na renovação de nossas mentes e de toda nossa a vida, para que, finalmente, possamos ser reunidos naquela abençoada e eterna glória que foi conquistada para nós por meio de seu Filho unigênito, nosso Senhor. Amém.[8]

---

8  John Calvin, *Ezekiel I (Chapters 1-12)* (Grand Rapids: Eerdmans, 1994), p. 57.

**FIEL**
MINISTÉRIO

O Ministério Fiel visa apoiar a igreja de Deus, fornecendo conteúdo fiel às Escrituras através de conferências, cursos teológicos, literatura, ministério Adote um Pastor e conteúdo online gratuito.

Disponibilizamos em nosso site centenas de recursos, como vídeos de pregações e conferências, artigos, e-books, audiolivros, blog e muito mais. Lá também é possível assinar nosso informativo e se tornar parte da comunidade Fiel, recebendo acesso a esses e outros materiais, além de promoções exclusivas.

Visite nosso site

www.ministeriofiel.com.br

Esta obra foi composta em AJenson Pro Regular 12, e impressa
na Promove Artes Gráficas sobre o papel Off Set 75g/m², 
para Editora Fiel, em Setembro de 2021